华东交通大学教材（专著）基金资助项目

在线零售商营销道德行为的消费者响应及其

治理

ZAIXIAN LINGSHOUSHANG
YINGXIAO DAODE XINGWEI DE XIAOFEIZHE
XIANGYING JIQI ZHILI

沈鹏熠 ○ 著

西南财经大学出版社
Southwestern University of Finance & Economics Press
中国·成都

图书在版编目(CIP)数据

在线零售商营销道德行为的消费者响应及其治理/沈鹏熠著. —成都:西南财经大学出版社,2016.12

ISBN 978 - 7 - 5504 - 2770 - 9

Ⅰ.①在…　Ⅱ.①沈…　Ⅲ.①零售商—市场营销学—商业道德—研究
Ⅳ.①F213.32

中国版本图书馆 CIP 数据核字(2016)第 307388 号

在线零售商营销道德行为的消费者响应及其治理

沈鹏熠　著

责任编辑:高玲
责任校对:杨婧颖
封面设计:何东琳设计工作室
责任印制:封俊川

出版发行	西南财经大学出版社(四川省成都市光华村街55号)
网　　址	http://www.bookcj.com
电子邮件	bookcj@foxmail.com
邮政编码	610074
电　　话	028 - 87353785　87352368
照　　排	四川胜翔数码印务设计有限公司
印　　刷	郫县犀浦印刷厂
成品尺寸	170mm×240mm
印　　张	10.25
字　　数	200 千字
版　　次	2016 年 12 月第 1 版
印　　次	2016 年 12 月第 1 次印刷
书　　号	ISBN 978 - 7 - 5504 - 2770 - 9
定　　价	58.00 元

内容简介

　　本书以 B2C 在线零售商为研究对象,围绕在线零售商营销道德行为的消费者响应这一核心议题,对在线零售商营销道德行为的内涵、结构、前因、结果及其中介机制和调节机制进行了全面、系统和深入分析。全书不仅有理论和定性层面的探讨,也有实证数据的支撑,对相关的概念模型和系列研究假设进行了检验,并提出了相应的管理建议。全书共八章,具体内容包括:导论,国内外研究现状述评,在线零售商营销道德失范的内涵、成因及治理机制,在线零售商营销道德行为的消费者感知——量表开发与维度测量,在线零售商道德性营销决策——前因、结果及调节机制,在线零售商营销道德行为的消费者响应机理——理论模型与实证检验,在线零售商营销道德、购物体验与顾客行为倾向,在线零售商营销道德行为与消费者购买意愿——个体特征和服务质量的调节。本书的研究结论对在线零售商营销道德治理水平的提升有重要的理论价值和实践意义。

　　本书围绕在线零售商营销道德行为的内涵和构成、影响因素及消费者响应结果进行设计和写作,并且运用了大量的访谈和调查数据进行实证分析,体现了研究的创新性、方法的科学性、内容的整体性和对策的针对性,可作为高等院校市场营销专业本科生和研究生的学习参考书,对零售管理和电子商务行业的从业者也有一定的指导意义。

作者简介

　　沈鹏熠，男，湖南临湘人，华东交通大学经济管理学院副教授，硕士生导师，复旦大学工商管理博士后，主要研究领域为服务营销、营销道德和企业社会责任。已在各类学术刊物上发表论文60多篇，出版学术专著1部，主持国家自然科学基金、教育部人文社会科学研究项目等国家级和省部级项目多项。

前　言

　　随着以高科技产业与信息产业为基础的新经济发展，旧的商业模式受到了极大的冲击，以互联网为基础的新商业模式在21世纪得到了迅速发展。许多大的零售商，如沃尔玛、乐购、西尔斯等，已将网络零售纳入其运营战略中（Grewall et al.，2004）。与此同时，我国消费者的网络购物规模也持续扩大。《中国互联网发展状况统计报告》显示，2014年我国网络购物交易额大致相当于社会消费品零售总额的10.7%，年度线上渗透率首次突破10%。截至2015年12月，中国网民规模达6.88亿，我国网络购物用户规模达到4.13亿。《中国电子商务报告》数据显示，2015年，中国电子商务继续保持快速发展的势头，交易额达到20.8万亿元，同比增长约27%；网络零售额达3.88万亿元，同比增长33.3%，其中实物商品网络零售额占社会消费品零售总额的10.8%。快速增加的电子商务和网络零售为经济发展和顾客选择创造了机会，但也为非道德行为的产生创造了新的环境（Freestone and Mitchell，2004），为违法违德行为的多发式增长提供了温床，与在线零售相关的道德失范问题已经成为电子商务和在线零售发展的"阴暗面"。由于虚拟的互联网具有广泛性、开放性、隐蔽性和无约束性等特性，企业和消费者的网上行为出现了一些突破传统道德规范的新的道德问题，产生了诸如侵犯消费者隐私权、网络欺诈、网络安全、网络垃圾邮件、弹出式广告泛滥等一些新的违背道德甚至是违背法律的行为。在线零售营销活动日益引起了道德实践问题（Roman，2010），这已成为消费者在线购物的最大挑战。在线零售商营销道德失范从根本上损害了广大消费者及社会的利益，破坏了在线零售商的企业形象和网络零售商业市场的竞争秩序，甚至危及在线零售商本身的健康发展，更为严重的是败坏了社会风气，影响了市场经济的良性运作。因此，将营销和消费者服务转移到网络上日益面临巨大挑战，包括道德问题的出现和由此导致的负面消费者反应（Wirtz et al.,2007）。由此可见，加强在线零售商营销道德建设势在必行。然而，学界关于营销道德的研究主要集中在实体企业情境中，对于在线零售商营销道德问题还缺乏详尽分析。尤其是关于在线零售商营销道德行为的内涵、表现、成因和消费者如何响应在线零售商营销道德行为以及相应的治理对策和管理建议还缺乏有效的考究。因此，本书以 B2C 在线零售商为研究对象，全面、系统、深入分析在线零售商营销道德行为的消费者响应及其治理对策。全书的主要研究内容共分为八章，主要研究内容和结论如下：

第 1 章为导论。本章首先明确了研究背景、研究目的和研究意义，然后详细介绍了研究思路、研究方法、研究对象、内容结构安排以及创新点。

第 2 章为国内外研究现状述评。本章主要对在线零售商营销道德的形成与测评、在线零售商营销道德对消费者行为的影响、在线零售商营销道德失范及治理的相关研究进行了回顾，并提出了现有研究的缺憾和不足。

第 3 章对在线零售商营销道德失范的内涵、成因及治理机制进行了初步的定性探讨和分析。首先，全面分析了在线零售商营销道德失范的起源、内涵和表现类型；其次，从内外因相结合的角度对在线零售商营销道德失范的成因进行了总结和归纳；最后，基于在线零售商营销道德失范的内涵、表现及成因，提出了在线零售商营销道德失范的治理机制，从而为在线零售商营销道德失范行为的有效治理提供决策参考和指导意见。

第 4 章为在线零售商营销道德行为的消费者感知——量表开发与维度测量。本章通过文献回顾和消费者访谈，获取消费者感知的在线零售商营销道德行为测评量表，通过因子分析对量表的可靠性和有效性进行检验。结果发现，在线零售商营销道德行为量表包括隐私保护、安全可靠、公平竞争、诚信经营、社会责任履行五个测量维度以及 31 个题项。然后，进一步分析了不同人口统计特征消费者心目中在线零售商营销道德行为各维度的相对重要性，以及在线零售商营销道德行为与消费者感知的关系是否根据在线零售商类型的不同而有差异。

第 5 章为在线零售商道德性营销决策——前因、结果及调节机制。本章通过文献回顾和访谈研究，构建了在线零售商道德性营销决策的前因、后果及其调节机制模型，并通过 B2C 在线零售商的问卷调查数据进行了实证分析。结果表明，制度压力、消费者自我保护、网购技术环境、伦理型领导、员工-顾客关系质量、组织道德氛围对在线零售商道德性营销决策有积极影响，其中，制度压力、组织道德氛围的影响更大。同时，在线零售商道德性营销决策对营销绩效有显著的积极影响。另外，在线零售商特征的调节作用也得到一定程度的支持。

第 6 章为在线零售商营销道德行为的消费者响应机理——理论模型与实证检验。本章通过实证研究探索了在线零售商营销道德行为的消费者响应机理，发现在线零售商营销道德行为（ORE）感知绩效对期望一致性和 ORE 满意感有正向影响，ORE 期望对期望一致性有负向影响，期望一致性对 ORE 满意感有正向影响，ORE 满意感对消费者在线购买意愿有正向影响。从 ORE 感知绩效与期望的动因来看，ORE 感知利己动机对 ORE 感知绩效有负面影响，ORE 感知利他动机则对 ORE 感知绩效有正向影响，消费者伦理意识对 ORE 期望有正向影响，网络店铺印象对 ORE 期望和 ORE 感知绩效均有正向影响。另外，多群组分析结果还显示，人口统计特征变量（性别、年龄、受教育程度、网购频率）在不同假设路径中的影响均存在显著差异。本研究不仅揭示了消费者对在线零售商营销道德行为产生响应的过程、原因及差异，而且对在线零售商营销道德的治理和改善有一定的理论和实践意义。

第 7 章为在线零售商营销道德、购物体验与顾客行为倾向。本章基于文献回顾、访谈和问卷调查，从在线购物体验视角分析了在线零售商营销道德对顾客行为倾向的影响机理。结果表明，在线零售商营销道德维度通过在线购物体验的中介作用对顾客行为倾向产生影响。其中，隐私保护、安全可靠、诚信经营、公平竞争对顾客的认知体验有积极影响，隐私保护、安全可靠、诚信经营、社会责任履行对顾客的情感体验有积极影响，隐私保护、安全可靠、诚信经营对顾客行为倾向有积极影响，认知体验对情感体验有积极影响，认知体验、情感体验对顾客行为倾向均有积极影响，但情感体验的影响更大。并且，认知体验和情感体验在在线零售商营销道德维度与顾客行为倾向之间发挥了一定程度的中介效应。

第 8 章为在线零售商营销道德行为与消费者购买意愿——个体特征和服务质量的调节。本章构建了在线零售商营销道德行为与消费者购买意愿的调节机制研究框架，并基于实验法实证检验三个消费者个体特征因素（消费者信任、消费者支持、消费者网络专长）和一个网站特征因素（在线零售服务质量）的调节效应，从而揭示不同个体差异和服务质量差异条件下在线零售商营销道德行为对消费者购买意愿的影响，进一步明确在线零售商营销道德影响消费者购买意愿的边界和条件，从而为在线零售商营销道德治理提供借鉴和参考。

本书的研究成果得到了国家自然科学基金项目（71362002）和教育部人文社会科学研究青年基金项目（13YJC630130）的资助，对参与本研究的各位课题组成员以及研究生表示由衷的感谢。但是，由于笔者的水平和能力有限，书中难免有不当和疏漏之处，诚恳地希望各位学界同仁和专家不吝赐教，提出宝贵的意见和建议。

目　录

1 导论

在线零售商的营销道德水平不仅直接影响到消费者的响应水平和虚拟市场的运行效率，还关乎线上企业的竞争力形成和提升。具有较强竞争力的企业一般是消费者认为具有较高道德水准的企业。因此，在线零售商如何形成和获得高绩效的营销道德行为迫切需要理论界和实践界的深入探讨。

1.1 研究背景、目的和意义

1.1.1 研究背景

20 世纪 90 年代以来，随着以高科技产业与信息产业为基础的新经济的发展，旧的商业模式受到冲击，以互联网为基础的新商业模式——电子商务却发展迅速。随着传统商务和电子商务的界限迅速消失（Nash，2000），在线零售这种新型零售业态得到了快速增长。许多大的零售商（沃尔玛、乐购、西尔斯等），已经将在线零售纳入其运营战略中（Grewall et al.，2004）。美国电子商务在过去也获得了巨大发展，在线销售从 2002 年的 1.2% 增加到 2011 年的 5%（US Census Bureau News，2011）。而《中国互联网发展状况统计报告》显示，2014 年我国网络购物交易额大致相当于社会消费品零售总额的 10.7%，年度线上渗透率首次突破 10%。截至 2015 年 12 月，中国网民规模达 6.88 亿，我国网络购物用户规模达到 4.13 亿。《中国电子商务报告》数据显示，2015 年，中国电子商务继续保持快速发展的势头，交易额达到 20.8 万亿元，同比增长约 27%；网络零售额达 3.88 万亿元，同比增长 33.3%。快速增加的电子商务和在线零售为经济发展和顾客选择创造了机会，但网络也为非道德行为的产生创造了新的环境（Freestone and Mitchell，2004），与在线零售相关的道德问题已经成为电子商务和在线零售发展的"阴暗面"。网络营销在快速发展的同时，也带来了许多政治、法律、伦理道德和社会问题（张国宝，2009）。一些在线零售商为追逐利润最大化，不惜损害广大消费者及社会的利益，违背法律与道德原则。由于虚拟的互联网具有广泛性、开放性、隐蔽性和无约束性等特性，企业和消费者的网上行为出现了一些突破传统道德规范的新的道德问题，产生了诸如侵犯消费者隐私权、网络欺诈、网络安全、网络垃圾邮件、弹出式广告泛滥等一些新的违背道德甚至是违背法律的行为。可见，将营销和消费者服务转移到网络上也面临巨大挑战，包括道德问题的出现和由此导致的负面消费者反应（Wirtz et al., 2007）。电子商务活动日益引起了相关的道德实践问题（Roman, 2010）。其中，与在线零售商有关的道德问题已成为消费者在线购物的最大挑战。

1.1.2 研究目的

针对在线零售商营销道德问题在实践中表现日益突出以及相应理论研究的薄弱，本书的研究目的主要有三个：

（1）在B2C情境下重构和检验在线零售商营销道德行为的消费者感知与测度体系，理解在线零售商营销道德与消费者认知间的关系机理，为在线零售商营销道德行为的评价提供科学依据。

（2）深入分析在线零售商营销道德行为的消费者响应过程及机制，从消费者视角深入考察在线零售商营销道德行为的前置因素、后果影响及其调节机制，以完善国内外与该主题相关的理论研究，为在线零售商营销道德建设提供理论参考。

（3）基于理论认识及实证分析，分章节提出在线零售商营销道德失范的治理对策和管理建议，指导在线零售商有效提升营销道德水平，改善在线零售商的竞争优势。

1.1.3 研究意义

（1）理论意义

随着在线零售的兴起，关于网络使用的道德问题已经受到消费者广泛关注。人们对在线零售营销道德行为的日益关注限制了在线零售的发展和消费者参与在线活动。在线零售商需要理解在线零售活动中所面临的诸多道德挑战，以及在面临激烈竞争和持续增加的顾客预期的情形下消费者是怎样感知和评价网站的道德问题的（Anderson and Srinivasan, 2003）。因此，在线情境下研究消费者感知在线零售商营销道德行为是必要的。尽管一些电子商务道德问题类似于传统的实体零售道德（Palmer, 2005），但两者的内容和表现又具有显著的差异性。相比面对面的交易，道德犯错更可能发生在电子交易中（Citera et al.，2005）。在传统零售情境中，顾客在服务遭遇中通过与公司的直接接触和交互作用来评价商店。消费者对公司道德行为的印象受到服务传递过程中员工行为的影响（McIntyre et al.，1999）。而在线零售在本质上不能提供高信任度的沟通环境（Grewal et al.，2004）。在线零售商能更容易地相互模仿，以至于复杂网站的信号价值在减少，并且消费者会更困难地区别出在线零售商的好与坏。可见，与实体零售情境相比，在线零售中消费者的道德感知和期望以不同方式形成。虽然，过去在离线市场的研究已提出消费者道德信念和实践问题（Fullerton et al.，1996；Muncy and Vitell，1992；Strutton et al.，1997；Vitell and Muncy，2005），以及消费者感知的零售商道德（Burns et al.，1994；Lagace et al.，1991；McIntyre et al.，1999；Norris and Gifford，1988；Roman，2003），但在线零售实践中的道德问题还缺乏深入研究（Palmer，2005；Sama and Shoaf，2002）。早期关于消费者感知的在线零售商营销道德行为研究绝大多数是概念性的（Maury and Kleiner，2002；Stead and Gilbert，2001），直到最近几年人们才开始对在线零售商营销道德的测量（Roman，2007；阎俊和陈丽瑞，2008）及其对消费者行为影响的机理（Roman and Cuestas，2008；Yang et al.，2009；Limbu et al.，2011）进行探讨，但研究的问题并不系统和深入，消费者感知在线零售商营销道德问题的研究仍然是一个亟待深入分析的领域。因此，本书在克服现有研究不足的基础上，对在线零售商营销道德的构成要素、形成机理、影响效应和治理对策、建议进行系统和深入探讨，有助于进一步完善和丰富在线零售商营销道德理论体系和分析框架，从而为在线零售商业的健康发展提供科学的理论基础和依据。

（2）实践意义

在线零售营销中的非道德行为频繁发生，究其原因，是在线零售商在面对激烈竞争和顾客期望的不断提高，不能有效理解在线消费者对其营销道德行为的感知和反应，从而缺乏对在线零售营销道德行为的有效评价和控制，制约了在线零售商营销道德治理实践的有效开展。因此，本研究对在线零售商发现营销道德行为失范的原因，制定科学、完善的营销道德标准以及提升营销道德治理的水平和能力，从而推动线上企业营销道德的建设，均有重要的实际应用价值。

1.2 研究思路和研究方法

1.2.1 研究思路

本研究的总体研究思路是：基于在线零售商营销道德实践面临的现实问题和文献回顾，提出有待研究的问题。引入和借鉴一定的理论基础，对在线零售商营销道德的测评、形成机理和影响效应进行实证分析，根据实证分析结果，对在线零售商营销道德的治理对策和管理建议进行探讨。本研究技术路线如图1-1所示。

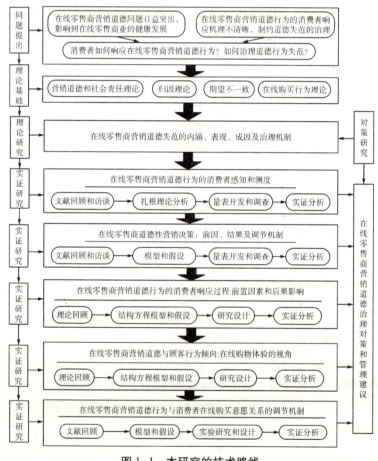

图 1-1　本研究的技术路线

1.2.2 研究方法

（1）文献研究法

基于文献研究的规范要求，加强对相关资料的收集与分析。围绕营销道德、企业社会责任、期望不一致、关系营销、顾客体验、S-O-R、公平理论、社会契约理论等理论基础，回顾并研究在线零售商营销道德的内涵、结构、影响因素和效应，并构建在线零售商营销道德测评模型、形成机理模型和影响效应等理论模型。通过深化理论构架、优化假设模型、明确变量界定、积累理论基础，全程为本研究的推进提供理论上的保证。

（2）访谈法

分别针对电子商务企业高管、消费者以及专家进行访谈，对在线零售商营销道德行为的测量量表、在线零售商道德性营销决策的内涵和影响因素、在线零售商营销道德行为与消费者响应变量的测量内容进行分析，形成相应的调查问卷。

（3）扎根理论研究法

在完善和开发在线零售商营销道德行为量表的过程中，本研究将使用到扎根理论的质性研究方法。针对文献资料和访谈资料，本研究邀请三位硕士生共同对访谈文本稿进行开放式编码，将访谈记录的内容划分为特定类目，构建出在线零售商营销道德访谈的分类系统。首先，对资料逐行分析，找出关键的语干并标识；其次，分别将提炼出的相似标识（语干）归为一类，以代表不同的在线零售商营销道德行为成分；最后，将三位编码者对每一语干的编码结果加以比较，如果有两位以上（含两位）的编码者共同认定某一语干属于某一类目时，即归入此类目。对于归类不一致的内容，由三人讨论后达成共识的内容继续归类，否则予以删除。最终形成在线零售商营销道德行为的初始测量题项。

（4）问卷调查法

针对在线零售商营销道德行为的测量模型、在线零售道德性营销决策前因及结果模型、在线零售商营销道德行为的消费者响应模型、在线零售商营销道德五维度与顾客行为倾向模型，本研究在明确模型中各变量的操作性构念和相应的测量工具基础上，分别选择有过网络购物经验的消费者进行问卷调查，并综合运用 SPSS18.0 和 AMOS18.0 软件进行假设检验和模型验证，所涉及的数据分析方法有因子分析法、方差分析法、回归分析法、结构方程建模法等。

（5）情景模拟实验法

针对研究内容和相关概念，构建在线零售商营销道德行为与消费者购买意愿关系的调节机制模型，通过情景模拟实验研究方法检验消费者信任、消费者支持、消费者网络专长、服务质量对在线零售商营销道德行为与消费者购买意愿关系的调节效应。

（6）案例研究法

在实证研究过程中，笔者深入到多个电子商务企业进行调研，并对其高管进行访谈，从而形成了一系列的访谈资料和数据。这种基于不同企业的访谈和调研，有利于对我国在线零售商开展营销道德的看法和观点进行采集，从而形成实证研究设计和问卷开发的基础以及相应对策建议的依据。

1.3　研究对象和结构安排

1.3.1　研究对象

《第 35 次中国互联网发展状况统计报告》显示，截至 2014 年 12 月底，我国网民规模达 6.49 亿，网络购物用户规模达到 3.61 亿，网民使用网络购物的比例从 48.9%提升至 55.7%。国家统计局关于社会消费品零售总额的数据显示，2014 年我国网络购物交易额大致相当于社会消费品零售总额的 10.7%，年度线上渗透率首次突破 10%。其中，我国网络购物市场中 B2C 交易规模达 12 882 亿元，在整体网络购物市场交易规模的比重达到 45.8%。2014 年中国网络购物 B2C 市场增长 68.7%，远高于 C2C 市场 35.2%的增速，B2C 市场将继续成为网络购物行业的主要推动力。我国网购市场源于 C2C 的兴盛，但随着淘宝、拍拍等购物网站从 C2C 向 B2C 转型，各大互联网巨头如谷歌、百度等和家电领域的创维、海信等以及实体渠道商如苏宁、国美纷纷进军 B2C 市场，有实力的个人网站转向企业运作，B2C 将成为我国在线购物的主要趋势。因此，本书主要以 B2C 在线零售商为研究对象进行调查分析。究其因，一方面是因为 B2C 市场增长迅猛，已成为网络购物行业的主要推动力，具有一定代表性和较强现实研究意义；另一方面，相比 C2C 和 B2B 等类型的在线零售商，在 B2C 网络购物市场中消费者能更全面感知和判断在线零售商营销行为的道德性。

1.3.2 全书的结构安排

本书共包括八章内容，其结构安排如下：

第1章：导论。本章提出了研究背景、研究目的和研究意义，并分析了研究思路和研究方法，确立了本书的研究对象、范围和研究内容，并归纳了创新点。

第2章：国内外研究现状述评。本章对国内外研究现状进行了基本回顾和梳理，明确了现有研究的进展、不足及本研究的切入点。主要对在线零售商营销道德的形成与测评、在线零售商营销道德对消费者行为的影响、在线零售商营销道德失范及治理的相关研究进行了回顾和评介。

第3章：在线零售商营销道德失范的内涵、成因及治理机制。本章从理论分析层面对在线零售商营销道德失范的起源、内涵和表现形式进行了分析，并从内因与外因相结合的角度对在线零售商营销道德失范的原因进行了归纳和总结，并提出了在线零售商营销道德失范的若干治理机制。

第4章：在线零售商营销道德行为的消费者感知——量表开发与维度测量。本章基于文献回顾和消费者访谈，获取消费者感知的在线零售商营销道德行为初始测评量表，通过因子分析对量表的可靠性和有效性进行检验和分析，最终从消费者感知视角得出在线零售商营销道德行为的测量量表和测量内容，并分析不同人口统计特征和企业特征的影响差异。最后，对研究结果进行讨论，提出一些重要的建议和对策。

第5章：在线零售商道德性营销决策——前因、结果及调节机制。本章基于文献回顾和访谈研究，构建在线零售商道德性营销决策的前因、结果及其调节机制模型，并通过B2C在线零售商的问卷调查数据进行实证分析，从而检验不同内外因对在线零售商道德性营销决策的作用机理以及在线零售商道德性营销决策对在线零售商营销绩效的影响效应，并分析在线零售商特征在其中的调节效应。最后，对研究结果进行讨论，提出一些重要的建议和对策。

第6章：在线零售商营销道德行为的消费者响应机理——理论模型与实证检验。本章主要基于相关的文献回顾和理论分析，构建消费者响应在线零售商营销道德行为的理论模型和研究假设，并通过结构方程建模技术实证分析在线零售商营销道德行为的感知动机、在线零售商营销道德行为的期望（ORE期望）、消费者伦理意识以及网络店铺印象对在线零售商营销道德行为的感知绩效（ORE感知绩效）的影响机理，以及在线零售商营销道德行为的感知绩效对期望一致性、在线零售商营销道德行为的满意度（ORE满意感）及在线购买意愿的影响效应。最后，对研究结果进行讨论，提出一些重要的建议和对策。

第7章：在线零售商营销道德、购物体验与顾客行为倾向。本章基于文献回顾和访谈，从在线购物体验视角构建了在线零售商营销道德对顾客行为倾向的影响模型和研究假设，并基于结构方程建模和中介效应检验实证分析了在线零售商营销道德、在线购物体验、顾客行为倾向之间的作用关系以及在线购物体验在其中的中介作用机理。最后，对研究结果进行讨论，提出一些重要的建议和对策。

第8章：在线零售商营销道德行为与消费者购买意愿——个体特征和服务质量的调节。本章基于文献回顾和理论分析，构建了在线零售商营销道德行为与消费者购买意愿之间的调节机制模型及研究假设，并通过情景模拟实验法检验了消费者信任、消费者支持、消费者网络专长、服务质量变量的调节效应，从而提出一些重要的建议和对策。

1.4　本书的主要创新点

第一，系统开发了在线零售商营销道德行为的测量量表。国内外关于在线零售商营销道德行为的测量量表并不全面，遗漏了一些重要的测量项目。本书开发的在线零售商营销道德行为量表具有较好的信度和效度，共包括隐私保护、安全可靠、公平竞争、诚信经营、社会责任履行五个测量维度以及31个题项，从而为在线零售商营销道德提供了评价工具。本研究是对现有研究的推进和深化，其中，"隐私保护""安全可靠""公平竞争"与现有研究中的维度基本保持一致，但在测量题项上有了新的发展和丰富。"诚信经营"和"社会责任履行"则是本研究过程中所呈现出的新维度。它们在过往研究中并没得到重视，尤其是忽略了"社会责任履行"。

第二，深入揭示了在线零售商营销道德行为与消费者响应变量、企业营销绩效之间的复杂关系和机制。不仅从单一维度视角分析了在线零售商道德性营销决策的影响因素及其与在线零售企业营销绩效之间的作用关系，而且从单一维度视角探讨了在线零售商营销道德行为感知绩效这一核心消费者响应变量的影响因素和效应，并对在线零售商营销道德行为与消费者购买意愿之间的调节变量和机制进行了深入分析，同时，也从分维度的视角探讨了在线零售商营销道德五个维度通过在线购物体验的中介作用对顾客行为倾向的影响机制。

2 国内外研究现状述评

为了系统对在线零售商营销道德问题进行科学研究，具体分析在线零售商营销道德的内涵、影响因素及其与消费者响应的作用关系，需要对有关的概念性和经验性研究文献进行回顾和梳理，指明进一步的研究方向和切入点。

2.1 传统企业营销道德的理论起源、内涵和评价研究

企业营销道德的真正研究始于 20 世纪 60 年代的美国。美国在二战后实现了经济的快速发展，同时也产生了一系列企业经营丑闻，如贿赂、制定垄断价格、欺诈交易、污染环境等。学界对营销道德的研究开始盛行，其中 Garrett（1966）的相称理论、Rawls（1971）的社会公正理论、Kotler（1972）的社会市场营销观念和之前的 Ross（1930）的显要义务理论四大具体理论为企业营销道德判断和评价提供了基本的思考基础。20 世 90 年代以来，中国经济快速发展和转型，企业营销非道德事件频频发生，营销道德开始引起了中国学者的关注。随着营销道德研究日益深化，学界开始关注企业的社会责任、社会营销以及关注人民的健康和环境问题，如臭氧问题、全球变暖问题（甘碧群，2004）。甘碧群（1997）是国内较早研究营销道德的学者之一。她较系统地阐述了营销道德的概念和基本理论体系，并与曾伏娥（2006）、寿志钢（2008）开展了实证研究，从消费者角度开发了适合于中国市场情景的量表，建立了营销道德评价的基本框架。

营销道德是调整企业与所有利益相关者之间关系的行为规范总和，是客观经济规律及法制以外制约企业营销行为的重要因素。它反映了企业的营销活动符合人们道德规范的程度，主要涉及企业在交易活动中体现的道德水平。企业的营销活动自觉地接受道德规范的约束，符合社会道德标准。其实质是解决企业如何承担好社会责任，妥善解决企业利益同顾客利益、自然环境利益以及社

会利益的关系，强调营利与道德的双重标准，杜绝损害消费者、社会和公众利益的营销行为。因此，企业在营销活动中如果违背了道德标准，就会产生一系列的营销道德失范现象。在实践中，企业营销道德是社会道德在企业营销活动中的体现，营销活动作为企业的经营和社会行为，需要一定的评价准则或标准。然而，判断某一营销行为是否合乎道德，在很多情况下并非想像的那么容易。关于什么样的行为才是符合道德标准的问题，理论界由此争论产生了两大派别，即依据行为的动机或过程判定道德标准的道义论和依据行为的结果判定道德标准的目的论（牛永革和李蔚，2006）。目的论也称功利论，主要以行为后果来判断行为的道德合理性。也即行为的正当与否，应取决于该行为带来的善的结果是否超过恶的结果。道义论则从直觉和经验中归纳出某些人应当共同遵守的道德责任或义务，以这些义务的履行与否作为判断行为是否合理的标准。它是从处理事物的动机来审查是否有道德，而不是凭行动的后果来判断。换言之，是行为的某些特性而非该行为所产生的后果使该行为称为正确或正当。企业营销道德问题涉及的面很广，贯穿于企业营销活动的全过程，即从营销调研开始，到针对目标市场的选择，制定产品、定价、分销、促销策略等（甘碧群，1997）。在线零售企业在每个营销环节上出现道德失范问题，都会威胁到消费者、社会等广大利益相关者的利益。有关企业营销行为是否合乎道德标准的判别是相当复杂的。不同的行为主体对企业营销道德判断及评价标准是不一致的。消费者是评价企业营销行为是否道德并抵制营销道德失范行为的重要市场力量。从这个角度看，企业营销行为是否道德，理应得到作为商业活动主体之一的消费者的认可。所以，企业在制定营销决策时应该充分考虑消费者的感受和意见，以制定出符合消费者道德要求的营销决策。这就要求企业不仅要了解消费者对企业营销道德的总体评价，而且首先要明确消费者评价企业营销道德的角度。即使是从消费者的角度出发，有时也难辨别企业营销行为到底是对还是错。因为不同的行为主体对于企业营销道德的判断及评价标准是不一样的，比如功利论主义者可能更注重行为的后果是否符合道德，而道义论主义者则更多地从直觉和经验中归纳出人们应该共同遵循的道德责任或义务，并以这些义务的履行与否作为判断行为是否道德的标准。

对传统企业，国内外已分别研究了从企业和外部消费者角度评价营销道德的指标体系。国外主要研究成果包括：Baumhart（1961）作为最早研究营销道德的学者之一，将测评指标归纳为礼品、馈赠、贿赂，价格歧视与不公平定价，虚假广告，不正当竞争，欺骗顾客、不正当的信用行为，价格串谋，签订或履行合同不诚信，歧视雇员八大类。Chonko 和 Hunt（1985）通过业内调查发现，企业经理是从贿赂、公平、诚信、价格、产品、人员、机密、广告、操纵数据、购买和其他 11 个方面评价企业营销道德的。Fritzsche（1998）将评价体系简化为贿赂、胁迫、欺骗偷窃、不公平、歧视五大类。基于五种主要的道德哲学观，Reidenbach 和 Robin（1990）使用零售商商店经理开发了一个商业道德量表。该量表由道德资产、相对主义和社会契约论三个因素的八个语义差异量表构成。之后，Reidenbach 等（1991）选择了更多的样本群体检验和扩展了 Reidenbach 和 Robin（1990）的量表，结果显示该量表具有较好的信度和效度。Vitell 等（1993）为了营销经理在决策时评估所面临的营销道德，开发了营销道德规范量表。Muncy 和 Vitell（1992）开发了一个消费者道德量表，检验关于各种问题行为的道德信念。他们的研究提出了四个维度：受益于非法活动、被动地获益、从欺骗实践中获益、无伤害和不犯规的活动。之后，Vitell 和 Muncy（2005）增加了新的项目来修正和更新了 Muncy 和 Vitell（1992）的量表。这些新的项目被分为三个不同的类别：下载和购买假冒伪劣产品、回收/环保意识、做正确的事情/行善。McIntyre 等（1999）分析了消费者对企业道德行为的认知，发现了两个关键维度：公平和诚信。它们分别反映了企业对顾客的优待程度以及企业是否刻意隐瞒真实信息。Jeurissen 和 Bert（2006）指出消费者主要从产品、价格、分销和促销 4 个方面评价企业营销道德。

国内学者的研究主要有：甘碧群和曾伏娥（2004）通过消费者问卷调查发现，中国消费者主要从诚信度、诱导性、公平交易、顾客价值、公平竞争、社会责任和强迫性 7 个方面评价企业营销道德。甘碧群等（2006，2008）从消费者视角，通过探索性研究得出产品信号的真实可靠、价格的公平性、高压促销、企业社会责任、利用企业优势五大营销道德指标，并将其归于促销因子、诚信因子、社会责任因子、公平竞争因子。石金涛等（2007）将企业非道德行为定性为损害消费者和他人利益的行为，包括企业行贿、不公竞争、欺诈、歧视消费者等。庄贵军和郭艳霞（2009）从关系营销的角度实证研究了灰色营销道德（主要是商业贿赂）的评价问题。夏恩君和薛永基（2008）在对国内外企业营销道德研究成果总结的基础上并结合问卷调研给出了企业营销道德价值取向模型。研究表明，我国企业营销道德的价值取向应体现在商品安全健康、营销信息对称、定价合理、非歧视与公平竞争和售后服务五个方面。刘思强等（2013）在对营销道德、关系质量已有文献回顾和整理的基础上，构建了两者影响的研究模型，并以垄断竞争市场下的银行消费者为调查对象，探讨了营销道德对关系质量的影响及垄断感知的调节作用。结果显示，营销道德各维度对满意、信任、承诺有正影响，其中诚信、价格公正影响明显，是营销道德的核心内容。研究还显示垄断感知较强的情况下，消费者更注重保健性质的道德因素；较弱时，才注重激励性质的道德因素。目前人们关注的焦点是营销道德重要性与营销道德评价，而有关营销道德作为前置因素究竟会对市场主客体行为产生何种影响的研究还不多见，营销道德的作用机理还是个黑箱（周秀兰，2011），诸多研究还处于思辨阶段，实证研究较为缺乏（龚长宇和张寿强，2008）。

2.2　在线零售商营销道德的内涵和测量研究

随着新经济的发展，电子商务及在线零售发展迅速。由于互联网的广泛性、开放性和隐蔽性，将营销和消费者服务转移到网络上面临巨大挑战，包括道德问题的出现及由此导致的负面消费者反应（Wirtz et al.，2007）。在线零售营销活动日益引起了道德实践问题（Roman，2010）。这已成为消费者在线购物的最大挑战。由于许多在线零售商的营销行为突破了传统道德的规范，发生了一些新的违背道德的行为。因此，在线零售商营销道德失范行为的规范和有效治理面临网络新时代的挑战。然后，尽管以甘碧群为代表的国内营销道德研究学者通过较长时间的探索，较系统地阐述了营销道德的概念和基本理论体系，并从消费者角度开发了适合于中国市场情景的营销道德评价量表和基本框架，但这些研究均是基于实体企业的营销道德研究，关于在线零售商业情境中的营销道德问题还缺乏系统和深入探讨。

企业网络营销中的道德问题涉及面广，贯穿于网络营销活动全过程（甘碧群，2004）。然而，判断企业某一营销行为是否合乎道德，无论在国内还是国外，至今都没有统一的普遍适用的准则。企业营销道德是企业为了自身发展的目的而制定的行为准则。理智的企业应把利益诉求控制在合理的范围内，并以消费者利益作为确定善恶的标准。在现有的研究中，学者主要从消费者视角对在线零售商营销道德的内涵、构成维度及测评体系进行界定，并在此基础上分析消费者感知的在线零售商营销道德的形成机理。对在线零售商营销道德构成维度的相关研究主要从企业认知和消费者感知两个视角展开，研究对象涵盖了实体企业和网络企业所面临的在线营销道德问题。一些研究从企业认知的视角，对电子商务道德的表现和范围进行了界定，涉及的道德维度包括隐私、安全、垃圾邮件、域名抢注、面向儿童的在线营销、利益冲突、制造商和网络中介商的竞争、诚实/真实性、产品担保、虚假广告等（Bette Ann Stead et al.，

2001；Kracher and Corritore，2004；Wu et al.，2006；Radin et al.，2007）。另外，国内的甘碧群（2004）和时刚强等（2006）也从企业角度分别对网络营销的道德问题进行分类。但上述这些道德问题的研究主要停留在理论分析的层面，缺乏实证测评，而且所涉及的道德内容较为广泛，部分内容超越了在线零售商营销道德的边界。国外基于企业视角对在线零售营销道德的相关定性研究还有：Mason提出了信息时代的四个道德问题，即隐私、准确性、所有权和可访问性（PAPA）。这些信息道德问题至今仍被讨论，但是必须从不同的角度被检验和分析（Freeman et al.，2005；Jackson et al.，1997；Mason，1986）。Conger等（1995）检验了Mason的PAPA，并且发现这些问题比他们以前考虑的更为复杂。对于未来的研究，他们提出了一些问题，包括计算时间的所有权、访问路径、个人信息和专业知识、隐私权利和准确性、及时应用、利益相关者识别方法、权利和责任。Turban等（2008）指出，电子商务实施涉及许多法律和道德问题，法律问题包括隐私、知识产权、言论自由、税收、计算机犯罪、消费者保护及其他。道德问题，基于Mason的研究，被归类为PAPA以及其他的诸如垃圾邮件、审查制度、儿童保护、税收、计算机犯罪。Radin等（2007）列出了电子商务中的道德问题包括隐私、安全关注、无标签网络广告、域名抢注、面向未成年人的在线营销、利益冲突、制造商与中间商的在线竞争。根据网络道德问题的一些研究，网络营销中最常提及的道德问题是交易安全、非法活动（如欺诈和黑客）、隐私、诚实/真实、同样标准判断其他媒体、色情、产品担保、剽窃、针对儿童、垃圾电子邮件、虚假广告（Bhattacherjee，2002；Peslak，2006；Ryker et al.，2002）。Wu和Wu（2006）的研究检验了影响电子商务道德问题的因素，使用测量电子商务道德问题的指标包括隐私、交易安全、知识产权、信息的完整性和准确性。

同时，从消费者感知视角分析在线零售商营销道德的内容也变得日益重要。一些研究分析了消费者在线购物时最担心的道德问题是财务信息的隐私、网络安全、欺诈、零售商可靠性、质量（Grabner-Kraeuter，2002；Miyazaki and Fernandez，2001；Koehn，2003；Milne and Culnan，2004；Ward et al.，2005）。这些研究较为分散，其中，隐私和安全（Bush et al.，2000；Miyazaki and Fernandez，2001；Singh and Hill's，2003）多被视为在线消费者最重要的道德问题。Bush等（2000）采用开放式问卷调查发现，美国在线消费者从交易安全、网站非法行为、隐私保护、网络信息真实性4个方面评价网络企业营销道德。Miyazaki和Fernandez（2001）发现在线消费者对隐私保护、系统安全性和欺诈行为这3个方面的道德问题比较敏感。Ranganathan和Ganapathy

（2002）发现在线 B2C 消费者比较关注网站所提供的信息内容、网站设计、安全性和隐私权这 4 个方面的内容，并且最关注的是安全性和隐私权。Roman（2007）的一项研究提出了捕获消费者感知的在线零售商道德的具体测量框架和内容。结果显示在线零售商营销道德由安全、隐私、非欺诈、履行/可靠性 4 个维度构成，这一研究有效拓展和丰富了消费者感知的网络零售商道德内容。不过，尽管经过信度和效度检验显示量表有好的心理测量特性，但他认为需要在其他消费者样本中进行进一步跨文化检验。Nardal 和 Sahin（2011）运用 Roman 的量表对土耳其在线消费者感知的网络零售道德进行测量和检验。结果显示，网络安全、隐私、可靠性和非欺诈是影响在线零售增长的重要问题。Cheng 等（2014）基于交易过程的角度构建了电子商务网站道德模型。该模型表明，消费者主要从销售行为、安全、隐私、可靠性、服务补救 5 个方面感知和评价电子商务企业的道德水平。还有些学者聚焦于分析在线零售商在网站上披露隐私和安全政策以及对消费者在线购物感知风险的影响。例如，Miyazaki 和 Fernandez（2000）研究发现，网站上的隐私和安全陈述的百分比与消费者在线购买意愿积极相关。后来，Milne 和 Culnan（2004）调查了在线消费者为什么在各种情况下阅读隐私申明。他们发现阅读隐私申明是消费者使用的仅有措施去管理披露个人在线信息的风险。Pollach（2005）从语义学的角度检验了在线零售商的隐私政策。他们的研究突出了公司隐私政策的障碍，增强和减轻不道德数据处理实践，并且使用有说服力的呼吁增加在线零售商的可信度。最近，Meinert 等（2006）的研究发现，消费者提供信息给在线零售商的意愿随着隐私担保陈述的增加而增加。他们的研究揭示，绝大部分消费者意识到隐私政策陈述，只有不到一半的消费者曾经阅读过隐私陈述。

国内的研究方面，甘碧群和廖以臣（2004）将网络不道德现象归纳为 4 大类：不正当收集和使用消费者个人信息、网上发布虚假和不健康甚至违法的信息、使用垃圾邮件营销方式、网上交易的欺诈行为。时刚强等（2006）通过定性研究将企业网络营销道德归纳为隐私保护、信息欺诈、数字化产权、信息污染、信息安全和其他问题 6 类问题。王俊（2006）总结了 10 种与网上购物有关的不道德行为，如交货延迟甚至在交款后没有收到商品、网上标注低价的商品永远缺货等。阎俊和陈丽瑞（2008）认为网站营销道德是指网络企业的营销活动符合人们道德规范的程度，即网络企业在交易活动中体现的道德水平。他们通过问卷调查构建了一个中国本土文化环境下的 B2C 网站营销道德评价模型，数据分析发现，交易结果的可靠性、交易过程的安全性、促销的诚信性、竞争的公平性和广告的适度性 5 个因子显著影响着在线消费者对 B2C

网站营销道德的评价。蒋侃（2012）在文献研究的基础上，将在线零售商道德归纳为交易过程安全性、隐私保护、交易可靠性、公平、非欺骗性 5 个方面。交易过程的安全性反映了消费者对在线交易账户信息、支付方式的安全性感知。隐私保护反映了消费者对个人信息收集、使用方式的合理性感知。交易可靠性是消费者对产品信息描述的真实程度与交易结果的感知。在线零售商必须提供清晰的、准确的以及足够的信息，保证订单准确无误地被执行，这样消费者才有可能做出正确选择，得到他们所需要的商品。公平是指在何种程度上消费者认为获得了公平交易条件，如质量保障、价格歧视、退换货方式。非欺骗性是指在何种程度上消费者认为网上零售商不使用欺骗性或操纵行为来说服消费者购买该网站的产品。这一维度侧重于消费者对网上零售商的欺骗/误导手法的感知，而不是欺骗行为本身。

2.3　在线零售商营销道德的形成机理研究

尽管多数研究文献涉及的是探讨在线零售商营销道德构成要素在消费者道德感知和评价中的作用，但也有少量研究进一步分析了部分人口和心理统计特征变量在在线零售商营销道德感知形成中的作用机理。Mitra 等（2008）关于在线广告对消费者信念形成的影响研究中，基于学生样本的实验研究发现，当消费者介入越低，欺诈的影响更大。Roman 和 Guestars（2008）分析了消费者的一般网络专长对网络零售商营销道德感知的影响。Shergill 等（2005）基于新西兰在线购物者调查分析发现，不同类型的在线购买者（尝试者、偶尔购物者、频繁购物者和定期购物者）对网站设计和网站可靠性有不同的评价，但是对网站安全/隐私问题的评价类似。Yang 等（2009）的研究发现，宗教信仰和性别与消费者感知的网站道德绩效显著相关。

虽然学界对影响消费者感知的在线零售商营销道德水准高低的人口统计特征和心理统计特征因素进行了相关阐释，但消费者特征在消费者感知的购物网站道德绩效中的作用应被进一步研究，应考虑个人特征变量如认知风格、消费者个人价值如道德意识对消费者道德感知的影响（Cheung and Lee，2006；Freeman and Peace，2005；Steenhaut and Van Kenhove，2006），分析人口统计变量（如年龄、教育水平、种族、计算机水平）对在线零售商道德感知的影响（Arjoon and Rambocas，2012）。因此，未来研究趋势是进一步完善在线零售商营销道德的结构内容和测评体系，并进行不同人口统计特征的比较分析，增加在线零售商营销道德评价的实践性、针对性和操作性，为在线零售商营销道德行为的治理提供标准体系。

2.4 在线零售商营销道德对消费者行为的影响研究

虽然传统零售情境中的研究已经在过去获得巨大进展，但关于消费者对在线零售商道德行为感知和反应的研究还处于起步阶段。在线消费者高度关注在线零售营销道德的履行情况，并利用自己掌握的资源来支持企业的营销道德行为，如正面口碑、忠诚度、购买行为等。现有关于在线零售商营销道德维度及其结果变量关系的研究主要有：

（1）对满意、信任和忠诚的影响。信任是电子商务成功的关键因素，在电子商务情境下得到了广泛的研究和认同。Pollach（2005）的研究发现，公司隐私政策有助于增加在线零售商信任。Yang 等（2009）调查了购物网站的感知道德绩效对消费者信任的影响。他们通过情景模拟的实验研究表明，购物网站感知道德绩效、信任信念、信任意图之间的假设关系被验证，信任信念在购物网站感知道德绩效与信任意图的关系中起中介作用。同时，消费者特征变量（教育）对网站道德绩效与消费者感知的道德绩效有调节作用。由于消费者容易从一个网络商店转移到另一个网络商店，消费者对在线零售商的忠诚看起来很难维持（Bergeron，2001），因此它已经成为在线零售商面临的一个主要问题（Kabadayi and Gupta，2005）。Roman（2010）调查了单一的在线零售商欺诈行为维度对消费者满意和忠诚意图有消极影响，并且分析了产品类型（商品和服务）、消费者网络态度和消费者的人口统计特征对感知欺诈与关系结果的调节作用。Limbu 等（2011）从整体视角检验了消费者感知的在线零售商道德对网站满意和忠诚的影响。结果发现，非欺诈、履行和安全对网站满意有显著影响，但只有隐私与忠诚积极直接相关。履行和非欺诈对忠诚的直接影响不显著，满意在消费者感知的网络零售商道德与网站忠诚的关系中起中介作用。Arjoon 和 Rambocas（2012）基于特立尼达和多巴哥消费者的研究，证实了消费者感知的在线零售商道德与消费者忠诚有直接的积极关系。

（2）对口碑的影响。口碑作为一种人与人之间自然扩散的传播方式，具有高可靠性、低传播成本的优点，在影响在线消费者的态度和行为中起着至关重要的作用（Wangenheim and Bayón，2007）。研究发现网站道德要素（如安全、隐私）对口碑推荐有积极影响（Yang et al.，2009）。蒋侃（2012）在企业识别理论和社会认同理论的基础上，构建了在线零售商营销道德、企业道德识别、消费者-企业认同与口碑之间的关系模型。研究发现，在线零售商营销道德通过企业道德识别和消费者-企业认同对口碑产生正向影响。Roman 和 Cuestas（2008）基于对 357 个在线购买者的抽样调查数据分析显示，消费者感知的在线零售商道德对消费者口碑推荐有积极影响。

（3）对感知风险和购买行为的影响。一些研究也检验了消费者对在线零售商安全线索的感知和反应。这些研究多数证明了网络安全线索降低了消费者的风险感知（Van Noort et al.，2008），并且相比离线环境更能降低在线环境中的感知风险（Biswas and Biswas，2004）。Miyazaki 和 Fernandez（2000）的研究显示，网站隐私和安全陈述的比重与消费者在线购买意图积极相关。隐私和安全影响了消费者从在线零售商的购买意愿（Adam et al.，2007）。Adam（2006）的研究表明，在三个道德因子中，隐私和安全被认为对购买意愿有积极影响。Limbu 等（2012）的研究表明，消费者感知的在线零售商道德显著影响消费者信任及其对零售网站的态度，消费者信任和对零售网站的态度积极影响重顾意愿和购买行为，态度和信任在感知道德和行为意图的关系中起中介作用。

2.5 在线零售商营销道德失范及治理研究

现有意义上对企业营销道德的关注起源于 20 世纪 60 年代的美国，但关于在线零售商营销道德的研究起始于 20 世纪 90 年代。虽然已经积累了一定的理论文献，但多数研究集中在从消费者的角度出发探讨在线消费者对在线零售商营销道德的感知和反应，而缺乏从在线零售企业视角，考虑在线零售商应该遵循怎样的道德规范以及如何做出道德性的决策，以给广大消费者和社会带来最大福利。通过文献梳理，关于在线零售商营销道德失范及治理的相关研究很少。其中，甘碧群（2004）提出从宏观法律规范与舆论监控、中观行业协会管理、微观企业自律层面提出对网络营销中的道德问题进行规范。时刚强等（2006）认为企业网络营销道德问题的规范可以从企业外部力量的约束和企业内部的自律两个角度进行。但这些研究结论过于笼统，普遍缺乏实证调查的支持和对策建议的针对性，使得研究方案的可操作性和应用性较差。

2.6 现有研究评介

尽管国内外从企业和消费者的视角对在线零售商营销道德行为进行了一定的研究，但呈现出一些特点和不足：

第一，国内外关于在线零售商营销道德结构内容和测评指标不一致和不完善。与国外部分学者将安全、隐私、非欺诈、履行/可靠性视为消费者感知的在线零售商道德维度不同，国内学者提出了不同的维度和测评指标。国内外分类标准的不一致不利于为我国在线零售商营销道德的评价提供科学的测评手段与工具。同时，现有在线零售商营销道德的测评指标主要由显性指标构成，测评内容并不完善。这些显性指标虽然可以揭示出营销道德的一部分甚至大部分内容，却损失了其中可能很有价值的隐性信息，如在线零售商的社会责任意识和行为。随着时代变迁，加上营销道德的复杂性和模糊性特点，道德规范和标准也随之变化。现有研究忽略了对在线零售商社会责任营销的考量，缺乏考察在线零售商对社会功能和利益的追求和实现，需要在未来加以分析。因此，未来研究趋势是进一步完善在线零售商营销道德的结构内容和测评体系，增加在线零售商营销道德评价的实践性、针对性和操作性。

第二，在线零售商营销道德的形成机理研究不足。虽然学界对影响消费者感知的在线零售商营销道德水准高低的人口统计特征和心理统计特征因素进行了相关阐释，但消费者特征在消费者感知的购物网站道德绩效中的作用应被进一步研究。这些因素为什么会影响到在线零售商营销道德？其内在机理是什么？还有哪些因素会影响在线零售商营销道德？这些问题都有待进一步深入研究。因此，未来研究应继续深入探索在线零售商营销道德的驱动因素及其作用机理。

第三，在线零售商营销道德行为的消费者响应机理不清晰，缺乏有效的理论解释。现有研究对消费者感知的在线零售商营销道德的差异性，消费者如何对在线零售商营销道德行为进行响应及其深层次原因，这种响应又如何体现在消费者在线购买意愿的变化上，还缺乏深入、有效的理论解释。由此，借鉴营销道德等领域的相关理论，进一步理清消费者对在线零售商营销道德行为的响应过程及其调节机制是未来需深入探讨的方向。现有研究集中在在线零售商营销道德维度对满意、信任、忠诚、口碑和购买意愿等消费者行为变量的影响方面，但这些研究只是零散地出现在各种概念模型中，缺乏对消费者行为的影响效应进行深入分析。由于消费者个体有更多的态度、情感和行为反应，因此，未来研究应该提出一个更为全面、深刻的研究框架来分析在线零售商营销道德与消费者行为变量的复杂关系。

第四，在线零售商营销道德失范的有效治理研究不足。现有研究普遍没有考虑在线零售商应该遵循怎样的道德规范，如何做出道德营销决策，以给消费者和社会带来最大福利。因此，未来的研究应建立在实证分析的基础上，系统提出在线零售商营销道德的治理对策和管理建议。

第五，缺乏对中国 B2C 情境下在线零售商营销道德行为的量表及消费者响应机理的系统研究。文化被视为影响道德决策的最重要因素（Ferrell et al.，1989）。中国作为全球重要的在线零售市场，有不同文化特征，决定了中国 B2C 情境下在线零售商营销道德行为的消费者响应有不同表现。这还需要深入探讨和总结规律。同时，国外关于在线零售商营销道德结构的研究还普遍未在国内在线零售情境中进行佐证。过去的研究也显示消费者在线行为随着不同的文化而变化（Chau et al.，2002；Park and Jun，2003）。这导致需要使用有效的测量工具在不同的文化和国家推广研究结论。因此，使用不同的样本再次检验和丰富消费者感知的在线零售商道德量表效度是必要的。

3 在线零售商营销道德失范的内涵、成因及治理机制

本章主要针对在线零售商营销道德失范现象进行定性探讨和理论分析，深入理解在线零售商营销道德失范的概念、表现形式以及成因，从而提出防范在线零售商营销道德失范现象出现和蔓延的治理机制。

3.1 在线零售商营销道德失范的概念和表现形式

从 20 世纪 60 年代起，西方学界开始研究企业市场营销中的道德问题，营销道德逐渐成为企业道德研究的一个重点。20 世纪 90 年代以来，伴随着中国经济快速发展和转型所出现的非道德事件频发，营销道德开始引起了中国学者的关注。与此同时，随着电子商务和在线零售活动的快速发展，日益出现了道德实践问题，已成为制约消费者在线购物的不利因素。然后，现有相关研究主要是基于传统实体企业情境中的营销道德研究，还普遍缺乏针对在线零售情境的营销道德的系统理论研究。在线零售商营销道德是调整在线零售商与所有利益相关者之间的关系的行为规范的总和，反映了在线零售企业的营销活动符合人们道德规范的程度，主要涉及在线零售商在交易活动中体现的道德水平。从广义上讲，在线零售商的营销道德行为是解决企业如何承担好社会责任，妥善解决企业利益同顾客利益、自然环境利益以及社会利益的关系，强调营利与道德的双重标准，杜绝损害消费者、社会和公众利益的营销行为。从狭义上讲，在线零售商营销道德行为主要强调在线零售商对核心利益相关者——消费者利益的满足和维护。如果在线零售商在营销活动中违背了道德标准，就会产生一系列的营销道德失范现象，从而对消费者乃至社会造成恶劣影响，破坏企业的形象和持续发展。

在实践中，在线零售商营销道德是社会道德在在线零售企业营销活动中的

体现。营销活动作为企业的经营和社会行为，需要一定的评价准则或标准。然而，判断某一营销行为是否合乎道德，在很多情况下并非想像的那么容易。关于什么样的行为才是符合道德标准的问题，理论界由此争论产生两大派别，即依据行为的动机或过程判定道德标准的道义论和依据行为的结果判定道德标准的目的论。本书认为应当将目的论与道义论结合起来，即把动机与后果结合起来作为判断在线零售商营销道德的依据。至于具体的评价依据和标准则要根据在线零售商营销道德失范现象及表现形式进行界定。纵观在线零售商营销活动的整个过程，在每一个环节上，在线零售商都可能出现道德失范问题。企业营销道德问题涉及的面很广，贯穿于企业营销活动的全过程，即从营销调研开始，到针对目标市场的选择，制定产品、定价、分销、促销策略等（甘碧群，1997）。在线零售企业在每个营销环节上出现道德失范问题，都会威胁到消费者、社会等广大利益相关者的利益。在线零售商营销道德失范现象同样贯穿于整个营销活动过程，包括信息发布、信息收集、客户服务以及各种网上交易活动等。由于在线零售商营销道德涉及范围十分广泛，本书主要探讨在线零售商营销中具有互联网独有特性的道德问题。结合实体企业的营销道德行为以及网络交易过程中非伦理现象，本书将在线零售商营销道德失范现象及其表现形式归纳为以下几类：

（1）隐私侵犯

个人信息保护是在线零售中早已受到关注的话题，然而，目前电子商务网站对消费者个人信息保护仍存在种种问题。这种状况已经成为在线零售商业市场发展的制约因素之一。隐私权问题可能是21世纪网络营销中最突出的道德问题。个人隐私安全问题将继续影响在线零售商业的发展，电子商务网站对用户个人信息的保护是一项长期而艰巨的任务。在利益驱使下，有些在线零售商在网络应用者不知情或不情愿的情况下，采取各种技术手段取得和利用其相关信息，侵犯了上网者的隐私权。一是非法获取、公开和使用消费者信息。收集和使用消费者个人信息，包括收集信息过程中侵犯消费者的知情权（cookie记录上网消费者的一些个人信息，如上网时间和偏好等）。在未经消费者同意情况下，企业可以在网上很容易获取消费者个人信息，包括消费者的姓名、邮件地址、收入、职业以及爱好等，甚至包括个人银行账号等绝密资料。即使有许多企业在获取消费者信息时所采取的途径是正当的，然而在对所获取的信息的处理和使用上却出现了不道德行为，比如在使用信息过程中违背收集信息的初衷，出卖个人信息来赚钱。在线零售商以要求用户进行注册的方式来获取消费者的信息往往被认为是合乎情理的，然而这些都是以企业对消费者个人信息隐私的保密承诺为前提的。部分企业为了短期的利益，违背承诺，私自公开或出卖消费者个人信息，极大地侵犯了消费者的隐私权。在线营销过程中，消费者不仅是个人信息的提供者，也是个人信息使用范围的参与决定者，享有对个人信息的所有权。营销人员只能在营销过程中使用顾客主动提供的个人信息，未经用户许可，不可以与其他企业共享，更不应将顾客的个人资料作为商品进行交易。二是利用垃圾邮件开展营销泛滥。电子邮件营销是一种拥有巨大的潜在商机的新兴广告营销手段，然而源源不断不请自来的广告邮件的狂轰滥炸令消费者苦不堪言。在线零售商的这种冒失的广告营销方式极大地侵犯了消费者私人空间。这里面可能蕴含着一个更深层次的道德问题，那就是消费者的邮件地址等私人信息可能被邮件运营商非法出卖。

（2）安全缺失和欺诈现象

由于网络空间的虚拟性以及网络行为的匿名性，在繁杂的网络信息中充斥着大量的虚假内容。从网络进入人们的生活开始，网络安全问题就一直存在。在线购物中，消费者对网络安全也有很大担忧，诸如用户的个人信息，交易过程中银行账户密码，转账过程中资金的安全，以及物流配送时商品的安全等问题。这些顾虑无疑会给网络购物蒙上一层阴影。网络欺诈和安全已成为其中的一项重要的道德问题，这在网络营销交易过程中尤为明显。交易过程的安全性反映了消费者对购物网站交易过程安全性的感知，包括不能提供安全支付方式、系统没有安全保证、网站没有足够预防病毒的安全措施、交易前不能提供所有条款方便顾客购买、泄露个人信息、要求与交易无关的个人信息、提供的交易信息不充分、无隐私保护声明等。另外，由于网络交易中的商流和物流在时间和空间上的分离，消费者取得商品所有权与取得实际商品在时间上是不一致的，实际商品的取得需要物流来最后完成。加之，网上购物与传统购物方式的最大不同是交易双方不见面，交易的虚拟性强。消费者看不到商家，亦摸不到商品，只能通过网上的宣传了解商品信息。这种时间和空间上的分离给一些不道德的在线零售营销者提供了欺诈的空间，使消费者权益较网下交易受损的可能性加大。在一项关于网络安全的调查中，有的人表示曾频繁遭遇过网络侵权，在遭遇过网络侵权的网民中，有人表示曾经遭受过网络诈骗。违反道德的网络欺诈行为主要表现如下：一是虚假交易，骗取货款。有些企业在网站上宣传的商品与实际支付给消费者的商品大相径庭，原本价高质优或物美价廉的商品到了消费者手中就变成了假冒伪劣产品。更甚者有些企业干脆采用虚假交易来直接骗取消费者的钱财。这些坑害欺骗消费者的行为已经远远地超出了道德的界限。二是以次充好，以假充真。消费者在网上看到的商业信息大多数是文字介绍和一些简单的平面图形，文字和图形都可以进行美化处理，与实实在在的商品本身还是有差别的。这给以次充好、以假充真的诈骗者制造了机会。

（3）恶性的或不正当的竞争

市场竞争要求公平、合理竞争，不能损害对方合法权益。在同行竞争方面，营销道德的要求是公平、合理竞争，不能损害对方合法权益。一些企业却不乏恶性竞争，或以不可告人的方式去获得竞争对手的知识产权和商业秘密，或使用商业间谍、利用高新技术窃取对手商业秘密，或以贿赂手段收买对方工作人员，拉社会关系进行关系营销或权力营销等不平等、不正当竞争。一些企业间大打价格战，相互攻击、互相诽谤。在线零售商营销中采用不正当竞争手法的很多，这种竞争的公平性主要指消费者对网站是否采取不正当竞争方式的感知，包括模仿或者抄袭竞争对手的界面设计、恶意价格竞争、频繁变动产品售价、经常贬低竞争对手、抢注竞争对手商标、网络搜索引擎运用道德性、网络流量统计及运用道德性、大量占用 BBS 等廉价公共资源等。并且，在促销和广告活动中与竞争对手比较，恶意模仿其他企业的产品、包装、商标或品牌，利用网络强迫性广告进行不正当竞争行为。一些网站会弹现很多的广告，有的是整版的广告，或某广告在眼前晃来晃去，令人心烦。这些强迫性广告占用了网民很多的时间。人们面对这些强制性广告一筹莫展。在竞争中，有些在线零售商无端指责对手的商业活动、服务、营业行为，使其在市场中失去信誉，损害竞争对手的形象；采用低价手段有计划地以低于成本或购进价进行销售，影响竞争者的商品或营业形象，或将对手挤出市场的战略行为，严重损害市场竞争。一些企业为了自身利益而采取一些不正当手段盗取对方企业的商业秘密，利用礼品、奖赏或其他类似物对消费者进行笼络，并经常采用宴请、娱乐、送礼、回扣、贿赂等不正当的竞争手法，扰乱正常的销售秩序。在线零售商业中，类似向同行"泼脏水"的恶性竞争时有发生，并正呈现出蔓延趋势。比如在竞争者网页上进行恶意的差评。同时，电脑病毒、黑客等网络敌人的猖獗对企业及公众信息安全造成了极大威胁。某些在线零售商为了达到一定的商业目的，利用电脑病毒或雇佣电脑黑客攻击竞争对手的网站，给对手造成极大损失甚至是致命威胁。这种不正当的竞争行为应当受到道德的谴责和法律的制裁。

与此同时，随着互联网的快速发展以及数字化技术的突飞猛进，在线零售营销中的道德问题开始出现于更广泛的数字化领域，包括网络特许经营权、商业秘密以及数据所有权等方面。这也是在线零售商所必须面对的巨大伦理挑战。目前，由于在线法律还处于发展的初期阶段，在企业网络营销中出现的另一个比较严重的非公平竞争道德问题是对数字化产权的侵权问题。这些产权包括版权、商标权、专利权等。随着数字化技术和互联网的发展，复制和修改数字化作品、上传及下载各种带有知识产权的信息变得越来越简单。一些在线零售商营销时不注意对版权的正式声明，甚至冒充版权所有者，严重地侵犯了版权所有者的合法权益，也违背了商业伦理道德。域名是企业在互联网上的注册商标。目前，这方面所存在的道德问题主要有网络侵占（欺诈性地注册与现有企业实体或竞争对手域名及商标相似的域名）、恶意抢注（恶意地抢先将其他企业的商标、商号等注册为域名，然后高价出售以获取非法商业利益）、不正当使用元标签及超级链接。与专利权相关的企业营销道德问题包括有些在线零售商对包括软件在内的用以指导企业商业活动的营销渠道和方法的商业专利进行非法使用以及过分强调对专利的保护，而损害了知识的共享权。这不但阻碍了知识的传播与共享，还在一定程度上影响了社会的发展。

（4）诚信经营和可靠性缺失

互联网络的到来使网络环境成为对当今企业有着重要影响的客观经营环境。电子商务的吸引力让许多企业迅速地将其业务拓展到互联网上。但困扰电子商务的重要环境因素之一就是信用问题。信誉度是网络购物中最为突出的问题。网络的虚拟性等特点往往容易使没有尝试过网络购物的网民对网站不信任，怕受骗，担心商品质量问题和售后服务，质疑其安全、程序繁琐麻烦，以及对付款和配送担心等。无论是买家还是卖家，信誉度都被看成是交易过程中的最大难题。比如中国互联网信息中心的报告显示，多数消费者认为网上交易的最大障碍是产品质量、售后服务及厂商信用得不到保障。一般地讲，由于网络空间的广泛性和虚拟性，交易的任何一方都无法回避交易主体难以确认、资信程度难以保证、欺诈行为难以防范以及交易物品质量难以确保等一系列问题，从而增大了市场交易的不确定性。在线零售商营销中的可靠性与诚信问题主要体现在交易结果的可靠性、促销的诚信性等方面。交易结果的可靠性反映了消费者对 B2C 网站交易结果可靠性的感知，包括产品质量与宣传不一致、价格与宣传不一致、产品与订购不一致、合同履行的可靠性、网上标注低价的商品永远缺货、多次延迟交货、在交款后没有收到商品、对运输中产品损坏不负责、售后服务不周到等。近年来，随着网络购物的快速发展和网上消费的持续增长，如何吸引消费者产生网上消费已不再是商家面临的最大问题。相反地，消费者在购物后随之而来的各种强烈不满，让网络商家饱受质疑。网购商品出现质量等问题时，消费者往往只能通过电话联系商家解决。尽管有些商家有专门的售后服务部门，但其对于消费者的正当诉求常常不积极回应，采取拖延、推诿战术，使"无理由退换货"成为空谈，更有些商家甚至拒绝履行这一服务承诺。促销的诚信性是指消费者对在线零售商是否使用欺骗、诱导或者其他的手段来说服自己购买产品的感知，侧重于对销售手段和无欺骗性的感知，也反映了我国在线消费者对于诚信因素的高度重视。促销的诚信性包括网站提供信息内容的真实性、广告信息的完整性和真实性、广告的合法性（专门针对儿童的广告、包含性诉求的广告、用儿童做成人用品广告）、虚假承诺（企业履行促销承诺和服务承诺的程度、产品实际功能/质量与其承诺的功能/质量相一致的程度），网上发布虚假和不健康甚至违法的信息、隐瞒瑕疵信息、对产品展示图片偏离实际不负责任、使用虚假奖金和托儿等手段诱导用户购买产品、打折前先调价、有期限免费服务、未经通知就将免费项目转为收费项目等。同时，一些零售商频繁变动产品价格、采用歧视价格、与其他企业订立价格同盟、大幅度变动价格、捆绑销售、低于成本定价、在商品广告中只表明最低价格、以低价投放新品待消费者熟悉后大幅提价、促销时提供的赠品在品质或服务上存在缺陷，并通过过度的广告链接以及过大广告画面妨碍视线等方式诱导消费者产生在线冲动型购买行为等，都违背了在线经营的诚信原则。

目前，网上商业信息发布和广告活动已经成为影响和破坏在线零售商业诚信问题的重要来源。在网上发布商业信息中违反道德的行为主要有两个方面。一是发布虚假信息。信息发布者利用网上交易双方不见面、购买者见不到商品的交易特点，销售的商品同网上广告宣传的商品相距甚远，有的商品甚至是伪劣品。网络上信息传播的真实性问题已经成为一个主要的问题。近一段时期，国内一些经济发达地区的消费者，对于网上发布的虚假广告投诉急剧增加，网上虚假广告已成为各级工商行政管理部门和消费者协会受理投诉的新热点。二是发布内容与形式不健康甚至违法的信息。有些企业发布虚假价格信息，其为了吸引消费者的注意力，事前往往声称产品免费，等到消费者点击后，常常要消费者注册交费；有些企业网络营销价格政策不透明；等等。虚假、不健康甚至违法的网络广告日益增多。网络广告在传播速度、方便受众、增强交互性等方面发挥巨大优势的同时，也存在很多困扰网络广告健康发展的问题。互联网上的一些广告主利用虚假的事实进行广告，以骗取消费者对其产品或服务的信任，从而成为购买其商品或服务的潜在客户。有些特殊商品广告发布前未经有关部门审查，内容不健康，存在着严重的问题。经常上网的人会发现，在网上想逃避广告的"骚扰"几乎是不可能的。信息发布者的身份是隐蔽的，位置是不固定的，客观上使得网络广告信息的发布基本处于无序状态。一些企业的信息发布者正是利用了互联网络的虚拟环境，发布违反国家法律规定的广告。

另外，一些在线零售商涉嫌炒作信用，虚假宣传。如今，很多买家逛网店的第一步就是看这家店的信用评分。许多网购朋友认为，信誉度越高的商家，货物质量就越有保障。为吸引消费者购买，一些商家会在信息展示上"做文章"，如使用 PS 后的图片、模糊商品介绍等，其中较为严重的是"刷信用"。目前网络上出现了专门刷信誉度的软件以及专门为商家刷信誉度的团体，将很多不良网店的信用度人为炒高，欺骗网民。通常情况下，消费者一般都会选择信誉度高的卖家去购物，认为"信誉度"越高，购物风险越低。但是"信誉度"已被一些不法商家利用，成了他们谋取私利的饭碗。

（5）社会责任缺失

在保护消费者利益和实现盈利的基础上，在线零售商还应该坚持更高的道德标准和道德追求，即要积极承担社会责任。社会责任是企业为所处社会的全面和长远利益而必须全力履行的责任和义务，是企业对社会的生存和发展在道义方面的积极参与。企业社会责任的内容极为丰富，在履行经济责任时要讲道德，不能损人利己，同时在履行经济责任以外，尚需为增进社会福利做出贡献。由于企业也是社会的一分子，企业应该把大众的利益和社会的公德放在首位，在关注企业自身和消费者利益的同时，考虑社会的长远和整体利益，在营销方式和口号上应该避免对大众利益和社会公德带来直接或潜在的危害。在线零售商应规避在社会责任方面只谋私利、逃避社会责任的行为。可一些在线零售商既不重视绿色环保，不参与公益活动，也不履行社会责任，反而通过对环境的严重污染和对生存环境的破坏以及对能源的过度消耗，而获得自身的发展，给社会带来了长远的负面影响。具体而言，在线零售商社会责任缺失的现象主要有：经营过程中没有树立社会营销和绿色营销观念，不能有效保护生态环境，提供的产品和服务不利于消费者的身体或精神健康，不合格包装或者过度包装导致资源浪费和污染环境等；经营过程中缺乏环保意识，不积极参与公益活动和做慈善，不积极履行社会责任，不积极帮助弱势群体；不能依照国家法律、市场规则和商业道德规范经营管理，偷税漏税，不能自觉接受社会及中介组织的审计和监督；不能有效保护职工的利益，给予员工合理的薪金和福利，积极为员工提供晋升机会，帮助和促进员工个人发展。

3.2 在线零售商营销道德失范的成因

在线零售商营销道德失范现象是多方面原因造成的，既有内在因素，也有外部因素。外部因素主要包括市场信息不对称、政府法规和市场监管不力、消费者自我保护意识薄弱、网络安全基础设施不健全，内部因素有领导者和员工道德水平和素质不高、企业道德文化缺失。它们共同导致了在线零售商营销道德失范行为的产生，并且也为在线零售商内部的道德性营销决策和外部的治理机制的完善和改进提供了依据和方向（如图3-1所示）。

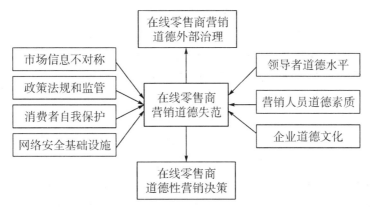

图3-1　在线零售商营销道德失范的成因及后效

3.2.1　外部因素

（1）市场信息不对称

在线零售市场的信息不对称表现为在线零售商和消费者对于在线零售营销活动事件所掌握的信息量有差异。相比消费者掌握较少和不全面的营销信息，在线零售商可以拥有更多更全面的信息。在线零售网络作为一个"虚拟世界"，充满了丰富的信息。经在线零售市场的"虚拟"网络的作用，在线零售商和消费者之间的信息不对称会得到进一步放大，从而为在线零售商进行违德违法活动提供了机会和条件，促使出现了诸多的不道德行为。信息的不对称，导致在线零售商行使非道德营销活动的成本和代价较低，同时又能获得较大的利益。因此，这客观上加速了在线零售商营销道德失范现象的发生和发展。信息不对称还在一定程度上决定了企业和消费者在在线零售市场的地位。拥有信息优势的在线零售商和拥有信息劣势的消费者并存，容易导致和造成"逆向选择"和"道德风险"，从而降低在线零售商对消费者进行诚信经营活动，侵犯消费者的利益。因此，市场信息不对称是导致在线零售商营销道德失范的一个重要的外部条件，需要引起重视和关注。

（2）政策法规和市场监管不完善

不道德经营行为的发生与整个社会法治体系的完善程度及执法力度相关。我国在线零售市场政策法规环境不健全，是导致在线零售商营销道德失范现象的重要制度基础。一个国家政策法规的健全、完善和有效性以及执行的严格与否关系到在线零售商营销道德的维护和培养，涉及能否为在线零售商营销道德建设提供一个良好的政治环境。如果缺乏完善的立法规定，缺少健全的相关机构，不严格加以执法，或对一些违德行为采取纵容、包庇的态度，势必就会给一些在线零售商提供可乘之机，使得在线零售市场非道德营销行为更加猖獗。然而，目前我国电子商务领域的法律体系仍然跟不上经济高速发展的要求，其立法的质量和数量，都与市场经济的要求差距甚远，从而导致电子商务交易环境中无法可依。这主要表现在法律建设不配套和不完备、相关法律的操作性不强和条款不具体、法律建设滞后、处罚较轻导致企业违法成本过低等，从而导致一些不良的在线零售营销行为得不到及时治理。

在线零售这种新的商务活动方式不可避免地会带来一系列的法律问题，比如电子合同、数字签名的法律效力问题、网上交易的经济纠纷问题、网络广告失真和虚假，甚至欺诈等。究其因，作为一种新型的经济模式，电子商务领域的法律法规建立必然需要一定的时间，现有的许多传统的商业法律法规不能与之适应，导致在现阶段容易出现"法律盲点"。国内还没有针对网络购物的专门政策和法规，比如税务问题，网络购物行业规则、规范等。在这种情况下，很多网上商业活动要遵循传统商业的政策，对模式不同的网络购物发展造成了一定程度的阻碍。同时，政府对于在线零售商营销行为的监管不仅需要做到有法可依，还要做到执法必严。法律法规不完善的结果是政府对企业营销道德失范行为难以做到有效打击，执法不严又使这些行为得不到应有的经济、法律制裁和道德惩治。另外，我国在线零售商信用评级制度和统一的信用登记制度尚未建立，致使对在线零售商不道德的营销行为缺乏有效的监管。当下政府对在线零售市场的监管水平与市场经济发展的要求还不匹配，导致容易出现相关规章制度不健全、不完善，缺乏有效的监管机制。在执法监管的过程中，容易出现多头管理导致政出多门、分工不明、职责不清等问题，并且部分管理人员政治思想及业务素质不高、执法不严甚至有法不依，助长了不良营销行为的扩展。

（3）在线消费者自我保护意识薄弱

在线零售商为了谋求自身利润最大化，可能会采取一些不良营销行为。消费者作为在线零售商的营销对象，如果有较强的自我保护意识，那么这些不良营销行为就会受到有效抑制。然而，由于网络零售商业市场尚处于发展阶段，不够成熟和规范，消费者在在线交易过程中的自我保护意识还较薄弱。这在一定程度上为在线零售商从事非道德营销活动提供了可乘之机，加速了违德营销行为的蔓延。消费者在线购物和交易过程中所表现出来的自我保护意识薄弱的原因主要有：第一，受自身知识及文化素质的影响，缺乏对在线零售商不良营销行为的鉴别力。比如，许多消费者面对网络营销中对消费者的肖像、隐私权益的侵害，还并未意识到被侵权了，可能很多人根本就不知道什么是网络侵权。第二，消费者的责任感不强，对在线零售商的不道德的行为漠不关心。第三，普遍缺乏消费者权益保护方面的知识，法律观念淡薄，对损害自身利益的营销行为，不能有效运用法律武器来保护自身利益。

（4）网络安全基础设施建设有待加强

在线零售营销是建立在高速发展的互联网技术上的，具有一定的超前性和成长性。由于道德意识形态的东西通常要慢于技术的发展，而且现在对在线零售营销道德问题的解决方法主要集中在技术、法律等方面，对其道德研究存在着严重的不足，因而，在线零售营销出现了大量的道德失范的问题，也使社会承担了巨大的成本。在线零售和电子商务的发展，要求网络传输有极快的响应速度和畅通的道路。我国网络的基础设施建设还比较缓慢和滞后，其质量离在线零售营销的要求还有一定差距。特别是在线零售营销中密码技术、鉴别技术、访问控制技术、数据保护技术等网络安全技术的研究和建设还有待进一步加强。同时，我国网络支付的技术手段尚不成熟，安全通用的电子货币尚处于研制认证阶段，在目前信用卡消费未占主导的情况下，网络分销的现金交割只能靠用户事前（后）交费才能完成。这距离全面的网络营销应用，特别是企业与企业之间安全资金结算的要求尚有很长的一段路要走。因此，目前在网络安全基础设施方面存在的技术与观念问题也是在线零售营销中出现不道德现象的主要因素之一。另外，信用工具和信用体系是市场经济长期发展的产物。网络经济发展时间不长，使电子商务赖以生存和发展的信用体系不成熟。这一方面表现为缺乏足够多的网络信用工具；另一方面表现为这些信用工具的不完善，从而导致人们对电子商务信用工具的不信任。

3.2.2 内在因素

（1）领导者经营哲学和道德水平不高

企业最高领导者作为在线零售企业的法定代表人，是企业经营决策的最终决定者。尽管企业所有领导成员都参加营销决策，但当企业法定代表人同其他领导者产生意见分歧时，最高领导者有最后决定权。企业最高领导者还肩负着企业发展及不断提高职工生活水平的责任、社会的经济责任、法律责任、道德责任及社会慈善责任等。企业经营者是企业的人格化和神经中枢，其个人哲学必然融入企业经营决策的规定与实施中。如果其具有正确的经营哲学，在制定营销决策中，就能既考虑企业的利润目标，又考虑消费者及社会的利益，体现出企业营销决策的道德性。反之，如果企业经营者片面追求利润最大化而损害社会与消费者利益，其营销决策就必然偏离道德轨迹，不能满足消费者的要求。企业最高领导者作为企业的头脑和心脏，其个人道德哲学必然会融入在线零售企业的经营决策中。从某种意义上讲，企业哲学、企业价值、企业精神、企业目标、企业民主、企业道德等是企业最高领导者道德哲学和行为的折射和扩大。企业通过最高领导者的经营理念去影响营销决策的制定和实施。在营销活动中，领导者的经营理念是最根本的。正确的经营理念是以社会与广大消费者利益为前提，并将企业利益、消费者利益及社会利益结合起来的。这种正确的经营理念会融入线零售商营销组合决策的制定与实施中，从而保证营销决策的道德性。因此，只有在线零售企业最高领导者具备正确的经营哲学，在制定营销决策时，才能在考虑公司利润目标的同时，又注重保护消费者及社会公共利益，从而体现出营销决策的道德性。另外，企业最高领导者的道德哲学及个人素质决定着企业的发展方向。企业管理者指导着企业的营销活动，是其对营销道德造成影响的主要因素。在企业行为中，这就能折射和反映出企业管理者的个人道德和个人素质情况。企业领导人如果道德水平低下，对于员工行为就势必会造成一定的影响，进而影响到企业的营销道德。企业通过最高领导者的权威和感召力向企业广大职工传播其经营理念，进而影响营销决策的制定与实施。当企业最高领导者的经营理念是正确的，而且为广大职工所认同和接受时，它对营销决策会产生积极作用；反之，会产生消极的副作用，使营销决策违背道德原则。特别是，随着当今时代科学技术迅猛变革，产品生命周期不断缩短，消费者需求不断变化，加入市场的竞争者日益增多，市场竞争日趋激烈，在线零售企业如何进一步发展，在一定程度上也取决于最高领导者道德哲学及其个人综合素质。

（2）营销人员道德素质低下以及法治观念淡薄

营销人员是企业从事营销活动的主体，营销人员素质不高也是导致企业不良营销行为产生的重要原因。营销工作对营销人员的能力要求是多方面的，既要有一定的专业知识，又要求有丰富的社会、历史、经济及法律等方面的知识。然而现阶段，不少在线营销人员的业务水平与此差距较大。一些在线零售营销人员没有经过系统培训，营销观念陈旧，缺乏现代营销理念，素质低下。一些在线零售营销人员认为在线营销就是把企业的产品和服务在网络交易平台上"推""销"出去，因此为增加利润及提高市场占有率甚至有意将伪劣产品和劣质服务推向市场，不惜采取违背法律及道德规范的手段开展营销活动。有些在线营销人员不能坚持以消费者为中心的营销思想，在营销过程中，损人利己，通过各种不合理、不正当手段谋取私利。一些道德水平不高、素质低下、观念陈旧的销售人员在企业营销活动中，会采取各种非正当的销售手段，甚至不惜采取违法的方式，以实现销售目标，谋取暴利。这样不仅对消费者造成了很大的损害，也不利于在线零售商的道德建设和长期发展。另外，也有一些营销人员是屈从于企业领导者错误的价值取向而被迫违德营销的。

（3）社会文化和企业文化的缺失

文化因素是制约企业营销道德水准的又一重要内部因素。任何在线零售商均在一定的社会文化中生存和发展，受到社会文化的制约和影响。如果社会文化是消极的，大众的心理就会逐渐被扭曲，在线营销过程中，还会不断出现道德失范的现象。社会风气不良，也会严重影响到在线零售商的营销行为。在线零售商的营销活动都是在一个特定的社会文化环境中进行的，企业的营销道德必然受到文化的影响和制约。传统文化与现代文明相互融合形成了复杂的社会文化环境，影响到在线零售企业员工的价值观、世界观、理想信条；而这些又必然在经营活动中反映出来。同时，企业营销伦理还受亚文化层次的影响，各地区的风俗习惯、伦理道德不同，企业的营销伦理也不尽相同。另外，西方伦理道德也影响着我国在线零售商营销道德实践。与社会文化相比，企业文化对企业营销伦理的影响更为直接。企业文化是指处在一定社会背景下的企业，在长期生产经营过程中逐步形成的独特的企业价值观、企业精神以及以此为基础而产生的行为规范、道德标准、企业风格习惯及传统、经营哲学和经营战略。企业文化对在线零售商营销道德决策产生的影响主要体现在：第一，企业文化制约着在线零售商营销决策的动机。众所周知，企业文化的核心是企业价值观，而企业价值观引导着企业的经营行为，规定着企业领导者及广大职工的决策动机。错误的企业价值观，将引导领导者及职工片面追求利润最大化，从而扭曲营销决策的动机。第二，企业文化规范着在线零售商营销决策的内容。如企业文化中的企业目标为在线零售商营销决策指明了发展方向。企业文化中的规章制度对在线零售商的营销行为进行强制性规范，成为企业领导者及广大职工经营行为的规则和准则，使营销决策更加合理化、科学化及道德化。企业文化中的行为文化如企业伦理，也规范着在线零售商营销决策行为，因此，使营销决策纳入伦理规范。第三，企业文化的凝聚功能有利于道德性营销决策的实施。优秀的企业文化使在线零售商内部形成一种凝聚力和向心力，即通过企业文化所塑造的共同价值、共同意识，把全体职工凝聚在一起，对实现企业目标，提高营销道德水平起重要作用。

3.3　在线零售商营销道德失范的治理机制

在线零售商营销道德失范问题严峻，形成的原因也是多方面的。因此，在线零售商营销道德水准的提高是一项长期的、系统的工程，不仅受企业自身影响，而且受到政策、文化、法律、技术、消费者等多方面因素的影响。所以提高在线零售商营销道德水准，需要从多方面入手，充分激发和发挥政府、行业、社会、消费者、企业多方力量在营销道德治理中的重要作用，形成科学、合理的在线零售商营销道德治理机制。

3.3.1　在线交易安全风险防范和治理机制

虽然在线零售商营销道德建设的主体是人，但面对良莠不齐的网络信息，仅仅依靠人自身的道德修养来起作用是远远不够的，一定的技术约束也是帮助道德完善的必要手段。因此，加强在线交易安全基础设施建设，建立网络风险防范机制，可以从技术上减少和杜绝在线零售商营销过程中道德失范现象的发生。在线零售营销的信息安全在很大程度上依赖于安全技术的完善。要大力加强密码技术、鉴别技术、访问控制技术、信息流控制技术、数据保护技术、软件保护技术、病毒检测及清除技术、内容分类识别和过滤技术、系统安全监测报警技术等建设应用，从技术上减少和杜绝在线零售商营销不道德问题的发生。同时，应注重在线购物网站建设的规范化，使网络隐私安全的技术规范、技术标准与国际接轨，从而在统一的网络环境中保证隐私信息的绝对安全。进一步通过建立网络风险防范机制，强化在线零售商营销道德问题产生前的预防、发生中的抑制和发生后的补救等措施。

3.3.2　强化政府法制建设和市场监管机制

加强在线零售商营销道德建设需要政府的大力支持。对于网络营销中销售假冒伪劣商品、夸大商品功效、采用不正当竞争手段等道德失范行为，国家有关部门要对相关行为主体进行坚决的取缔和制裁。有关部门亟须加强对营销道德监管的制度化建设，以弥补现存的监管漏洞，并衔接未来的监管要求。政府要大力开展网络道德、网络营销道德的教育，不断完善网络与网络营销有关的法律，建立好的社会信用体系。营销道德是企业进行营销活动的底线。道德不具备强制性的约束力，就会造成企业为了谋取高额利润，而采取损害消费者利益的营销行为。即便企业这些非道德的行为受到了社会公众的谴责，但企业并没有受到惩罚，营销道德对此是很难发挥作用的。为此，就必须借助法律的手段来制约和打压这样的非道德营销行为，通过法律的手段，强制企业遵守和执行营销道德。尽管法律不能解决所有的问题，但其给消费者以及诚实经营的企业带来了很好的保障。有的道德规范尽管不能上升到法律的高度，但可以将法律与道德标准结合起来，可以将道德规范作为法律规范的强化和补充。通过加强在线零售市场法规建设，不断完善立法及严格执法制度，协调好各执法部门的职能关系，为在线零售商制定及实施道德性营销决策提供良好的法律环境。要通过强化政府职能部门的作用，以立法、司法活动来规范在线零售商的营销行为，使企业营销行为有法可依，有章可循，从而促使企业自觉地规范自身的营销行为。

道德与法律是相辅相成、相互促进、相互推动的。规范化和法制化是我国在线零售商营销发展的必由之路。目前关于我国电子商务的立法比较滞后，力度也不够强。现有法律还没有解决电子商务中所涉及的电子证据法律地位如何确定，侵权行为如何确定，诉讼管辖权、诉讼主体如何确定的问题，以及电子支付、电子商务的消费者权益保护、隐私权保护等诸多问题。目前，在涉及在线购物方面的纠纷，没有一部全国性的专门规范电子商务的法律法规。在线零售商营销道德建设还要求进一步完善法律法规，重点包括消费者权益法、价格法、广告法、经济合同法、质量法、市场交易与管理法等方面的法制建设。在这种情况下，要规范企业在线营销中的不道德行为，必须加强相关法律法规政策的建设与完善。不断修改和完善消费者权益保护法、商标法、反不正当竞争法、广告法等相关法律，加快诸如电子商务等新兴网络交易手段的立法，用法律来规范和约束企业的在线营销行为。当务之急，要在参考国外先进立法经验的基础上，于时机成熟时制定一部适合我国国情的电子商务法典。应当注重专门法与刑法相互配合，因为法律条文都是原则性的规定。所以，涉及营销实践的具体行为，需要根据法律条文进行具体应用。此外，应当尽快从法律角度确认消费者对个人信息拥有的权利。虽然立法不是解决个人信息泄露的唯一办法，但却是解决个人信息泄露的基础。譬如，法律应针对泄露在线消费者个人信息的行为，明确其为非法，并规定要追究泄露、窃取、收买公民个人信息行为的刑事责任。在未经消费者允许的情况下，泄露或出售消费者或相关人士的个人信息将会受到法律的约束。这样才能对信息进行更加有效的管理。要把网络监管落到实处，就必须制定出相关法律以及对有关法律做出必要的修改，将在线零售商营销纳入法律的控制范围内。其中，网络广告的发展速度十分快，但传统的广告法已经完全不能适应它的发展。因此，必须加快对广告法进行修改，强化对网络广告的资格认证、广告经营等方面的监管与制约。随着网上交易数量的不断增加，对原来的合同法进行完善，特别是对于电子合同和电子单证的认可、电子证据有效性的认可等问题进行法律规范，都将影响到电子商务交易的正常发展。另外，应吸取和借鉴国外网络信息安全立法的先进经验，积极开展网络隐私安全立法和执法。通过对现行网络法律法规进行修改与补充，使在线零售交易法律体系更加科学和完善。

在当前法律法规不完善的情况下，各监管部门应当加强对新型的在线零售营销活动的监管工作。工商部门应将网络市场纳入监管重点，并成立专门机构进行管理，对网络消费提供维权办法和防范措施。在线购物市场呈现消费群体不断扩大、消费规模快速增长的良好局面；同时，也存在相关政策法规、管理能力和服务水平不适应在线购物发展需要等现实问题。政府必须加强引导和管理。政府需要引导商家营造放心的网上消费环境，保护消费者的权益；规范在线购物交易行为，维护良好的市场秩序；促进在线购物行业向规范化、专业化发展。有关部门应建立完备的网上购物消费者权益保护体系，督促各电子商务网站制定严格的电子商务准入制度，并完善信用评级制度。如可采取权威的先行赔付、充足的保证金、额外的购物保险等措施，对道德风险行为进行预防惩戒。对于监管工作来说，建立一个完善的电子商务纠纷调解服务机制是监管的基础，可建立起从投诉服务、法律援助、争议调解、政府部门协调等各方面对电子营销活动的全方位监管。要明确监管工作的监管主体问题。这是监管工作的重要基础。从而改变各自为政的分散式监管模式，有利于对新型营销工具所带来的各种道德风险行为进行监管。

对于在线零售营销过程中出现的不道德行为，还应通过加强舆论监督，唤起群众抵制其产品，引起国家执法部门的注意，增加这类企业的经营风险和"投机成本"，提高企业的在线营销道德意识，使其回到道德营销的规范中来。因此，这要求社会发挥第三方监督作用。充分发挥消费者压力集团的作用，让他们对企业在线营销道德进行评价以此促进企业在线营销道德水平的提高；要充分发挥新闻舆论的作用，让它传播法律法规，宣传重视网络道德的好典型，同时揭露违背在线营销道德的行为，以此提高企业在线营销道德水平；要充分发挥网络理论界和教育界的作用，从理论研究、技术传播、网络文明等多方面促使企业提高在线营销道德水平。一方面，要保护消费者的知情权，强化消费者的自我保护意识，引导消费者理性消费。充分发挥消费者压力集团的作用，逐步建立起让消费者可自行评估的企业营销信誉体系。这样就可以达到弘扬诚信经营，打击违法经营的目的，使存在机会主义和道德失范的企业被自然淘汰。同时，还应充分利用消费者自身的舆论监督。只有广大消费者都积极地行动起来，去抵制市场营销中的不道德行为，整个营销不道德行为才能得以抑制。另一方面，在线营销中的舆论监督可以充分利用网络新闻舆论监督。媒体应充分发挥新闻舆论的监督作用，曝光不道德的经营行为，颂扬企业积极承担社会责任的行为，在社会上形成良好的道德风尚，以此提高企业在线营销道德水平。此外，要重视对网络营销道德理论的研究，构建适合我国国情的网络营销道德体系，从多方面促使企业提高在线营销道德水平。

3.3.3　加强企业自律和行业自我约束机制

加强在线零售商营销道德建设要坚持企业自律和行业管理相结合。在加强企业自律方面，企业除了在产品策略、价格策略、促销策略和分销策略等方面做好自律外，还应该考虑到网络营销的特点，在保护消费者隐私权、商业信息发布等方面做好自律工作。企业要控制不良营销现象的发生，关键在于强化企业营销过程的管理。从营销战略的制定、市场调研、产品的开发和生产到价格制定、产品分销以及促销等，对每一个环节都要进行监督，按企业的道德规则运行。要实行管理责任制，分工到人，明确奖惩，不允许出现道德、法律上的漏洞。在营销活动中，如果出现了突发性的不良营销事件，企业应果断中止该类营销行为，坦率承认错误，承担给他人利益带来损害的责任。同时紧急采取其他措施进行补救，力争挽回影响，修复形象，重新赢得顾客的信赖。电子商务平台为解决网购"诚信"问题应做出积极行动，例如，拍拍网积极推出了"全站诚保"措施，淘宝网推出了"消保计划"等。网购平台的积极努力和各种诚信措施的不断推出，为消费者和网店经营者的权益保障创造了双赢局面。应努力提高互联网商家道德自觉性，提倡文明竞争，对恪守商业道德操守的商家进行鼓励。在网络商务活动中，起关键作用的是人。应加强对商家从事在线销售活动的伦理道德方面的教育和制度规定。具体来说，可以从以下两个方面着手：

一是要树立全员道德意识。为此要不断提高企业领导者和管理者的职业道德素质，使其全面认识到营销道德的重要性。企业领导者的道德观念在很大程度上影响公司营销人员的道德选择。他们的经营决策也代表着公司在经营行为中的道德选择。公司核心管理层也要定期进行职业道德培训,提高遵守道德的自觉性和敏感性;要建立制度约束,开展批评与自我批评,进行道德监督;要坚持学习和自省,以高尚的道德标准严格要求自己。所以管理者应该首先加强道德修养。加强对企业领导者的培训,帮助领导者树立正确的经营理念和社会市场营销观,并通过企业领导人的权威、感召力和模范行为来改善管理道德行为。这等于从源头上控制好了企业的市场营销行为,就可以有效避免企业的非道德营销行为。同时,也要加强对各级人员尤其是营销人员的道德培训,不断提高整个企业的道德层次。营销人员是从事企业营销活动的主体,导致企业营销道德失范的重要原因就是营销人员素质不高。为此,还要加大对营销人员的思想道德教育。首先,企业领导者和管理者要以身作则,不断提高自身的道德观和道德水平,从而带动员工采取正确合法的营销手段进行营销;其次,帮助营销人员树立正确的义利观,加强其职业道德教育;最后,对于营销者偏离道德规范的各种行为,企业要及时对其加以纠正和引导。企业可以采取"请进来""走出去"、专题讲座、知识竞赛等多种形式对营销人员进行职业道德培训,帮助他们了解和掌握最基本的营销伦理规范,培养起正确的营销伦理意识,并通过构建有效的营销道德考核机制,对他们偏离伦理规范的各种行为及时地进行纠正和引导。

二是要建立和实施严格的在线营销道德规章制度,使企业约束自身及其员工在线营销过程中的不道德行为有了内部依据和标准。企业建立营销道德规章制度有两个方面的含义:一方面是把企业营销道德伦理规范纳入日常的规章制度中;另一方面是建立在线营销道德的预防保障制度,防范网络消费者遭遇道德风险。如国内的一些 B2C 网站,采用评级方法建立交易损失保障金制度,每次交易后,买卖双方都有一个评价级别,这样在线消费者因为虚假交易产生的一些损失,就可以先由这些保障金进行支付。企业伦理守则是企业处理与内外部各种关系的指导原则,内容包括企业处理与顾客、供应者、竞争者、所有者、社区、公众等利益相关群体的道德规范。现在世界上越来越多的企业通过制定伦理守则来提高道德水准,如著名的强生公司、大众公司、麦道公司、杜邦公司等都有成文的伦理守则。并且,企业要成立专门的道德执行机构,来负责道德的实施,做到奖惩分明。企业通过制定和实施企业伦理守则和行业营销道德标准,可以增强营销人员的职业道德观念,更好地引导营销人员遵循个人职业道德规范。企业要有效地约束自己的行为,必须建立起一套切实可行的道德规则,作为自己行动的指南。企业自律准则的建立与完善,对有效地约束企业的营销行为具有重要意义。企业可以制定企业职工道德手册及营销道德标准，以推动企业营销道德风尚的形成和发展，形成企业营销道德文明。企业自律准则制定之后，应注重抓好宣传教育、考核评比工作，使之落在实处。

在加强企业网络营销道德自律的同时，还要加强行业管理。营销伦理失范的根源是企业间的恶性竞争。因此，遏制营销失范行为最有效的方法是建立并完善行业的自律机制。积极组建行业协会，建立严格的营销伦理制度和监管机制，规定协会会员单位的义务和权利，制定相应的行业营销伦理规范以及对营销伦理失范行为的处罚规则，从而树立起网络营销道德的旗帜，赢得消费者的支持，提升企业的营销道德。较有参考价值的做法是由行业最有影响、最有号召力的企业牵头组建行业自律协会，负责受理消费者投诉，一旦发现成员有违反规定的不道德营销行为，立即给予惩处。行业组织，既要负责本行业的营销道德规范的制定，还要负责对企业加以指导，以使企业遵守市场道德规则，从事合法正当的经营活动，并实行奖惩制，同时为企业提供实际的服务，采取一定的措施来帮助企业改善形象。在行业自律组织中，要将职业从业经营档案建立起来，定期或不定期地监督和检查业内企业的营销情况。如有问题，要提出警示，并及时采取一定的措施，对所出现的问题加以处理，同时跟踪备案，提高其权威性，并使其应有的监督、管理功能着实得以发挥。行业协会可以通过不断完善行业规章制度，制定行业统一的在线营销道德标准来规范和监督企业在线营销的一系列行为，加强行业对企业营销活动的指导和服务。为了更好地规范在线营销道德问题，互联网行业相关协会也要充分发挥其管理作用。行业协会利用其信息集中的优势，可以及时地发现在线营销中的道德问题，并且可以对未来的道德问题做出预测和预警。同时，行业协会可以针对本行业的特点，制定相应的营销道德准则以及对非道德营销行为的处罚规则，也便于规范全行业的营销行为，维护全行业的利益。由行业协会制定统一的行业职业道德标准，对市场营销活动加以规范，将取得更好的效果。如美国的市场营销协会在制定营销道德规范后，又制定了网络营销道德标准，对在线营销的一系列行为从道德上加以规范。行业协会在发挥管理作用的同时，也有监督的作用，可以对行业内的企业起到很好的监督作用。行业协会，不仅能及时发现在线营销中的道德问题，而且能发挥道德教育的作用。行业协会的道德规范和各种会议都是行业成员很好的学习机会，行业协会可以发挥其道德教育作用。

3.3.4　强化和完善消费者道德意识促进机制

近些年我国所出台的一些法律法规难以执行，一个重要原因是我国部分消费者缺乏自我保护意识，缺少消费知识等。这些消费者对于自身的权益不知道采用什么手段来加以保护。有的受到传统思想的影响，当自己的权益受到损害时，由于不想麻烦"闹事"，便不愿意采取合法手段来捍卫自己的权益。为此，要加大营销道德宣传力度，正确引导消费者的自我保护意识。面对在线零售营销中一系列侵犯消费者权益的道德问题，在法制尚不健全、管理尚不规范时，政府有关部门或社会团体应广泛利用各种传播媒介广泛宣传，使公众意识到抵制非道德营销行为是自己的基本权利，提高消费者的鉴别能力、自身防御能力，增强其维权意识。任何一位消费者都有权要求在线零售商营销行为符合社会道德规范，积极地与违法和不道德的营销行为作斗争，维护自己的权益，减少上当受骗的可能和避免遭受损害。在宣传上，可以通过新闻媒介，进行相关消费者权益保护的宣传，也可以通过政府相关消费者权益活动的展开来提高消费者权益意识，同时要加大对各种损害消费者利益行为的惩罚力度。消费者协会通过撰写教材和出版刊物，举办演讲等多种手段宣传教育消费者，帮助消费者识别在线零售商营销道德缺失行为及其对社会和个人造成的危害。因此，消费者提高自身素质，增强自我保护意识，增强抵制不良营销行为的主观能动性，是治理在线零售商营销道德失范现象的根本。消费者正当利益受到侵害时，要敢于拿起保护自己的"武器"，采取恰当的手段进行自我保护，甚至动用法律武器，使不良营销行为无藏身之地。这样既有效地保护了消费者自身利益，也维护了正常的市场秩序，促进在线零售商遵守道德及法律规范，积极从事正当的营销活动。

为了提高消费者的道德意识和自我保护意识，消费者要树立起理性消费的观念。要提倡适度、理性消费，通过宣传、教育提高消费者的自我保护意识和能力。消费者是企业市场营销活动直接的作用对象。在线交易中，消费者对于相关消费信息往往知之甚少，面对形形色色的商家促销诱惑，很难保持应有的冷静。这也是消费者的利益之所以会受到损害，不道德的营销行为之所以能够得逞的重要原因之一。因此，要防止市场营销中的不道德行为，使自己免受侵害，消费者就必须树立起理性消费的观念，做到理性购买。在购买商品之前要尽可能多地了解有关商品的真实信息，理性地分析和比较同类商品的相关信息，树立起理性消费的观念。这样就能对所需商品的质量做出正确的判断，避免不法厂商的误导，避免利益受到侵害。只有这样，才能使不道德的营销行为难以有施展的市场，无机可乘。在交易过程中，消费者保持一颗平常心，增强对不道德营销的免疫力，既可以保护自己也可以减少企业不道德行为。

3.3.5 制定在线零售商营销道德信息披露和评价机制

应通过强化在线零售商的信息披露义务，努力解决信息不对称问题。政府及社会团体应以法律法规的形式规定卖方的信息披露义务；同时建议企业公布免费产品打假查询热线以使消费者能够方便地辨别伪劣产品；还应利用现代信息技术，设立企业信用信息披露平台，建立社会信用体系，使信用差的在线零售商彻底失去市场。一个优秀的在线零售商应该是道德高尚的楷模。它们不但遵守社会公认的道德标准，而且形成具有自己特色的良好的道德体系，并通过各种途径向公众传达，以提高企业的美誉度。因此，企业在营销中必须把道德标准放在优先位置，建立一套广泛而固定的与广告标准、对顾客的服务、定价、产品开发等有关的道德标准。在线零售商营销道德评价应立足于市场经济的要求和社会发展的远景，遵循道德发展的客观规律，坚持科学的评价原则，正视企业道德的现实状况。首先，要坚持以人为本的理念。道德意识和道德活动都是人的行为，道德关系是人与人之间的关系，道德评价也是对人的言行的是非判断。在线零售商营销道德的评价也是基于对营销人员在营销过程中的行为进行的评价。其次，要树立动态的观念，坚持动态的评价原则。道德是一个历史的发展的过程，评价和评价标准本身也是不断发展的。因此，保持评价及其标准对价值关系运动的跟踪和预见功能，就要坚持评价的动态原则。在评价过程中，既不能以已经过时的陈旧的道德规范作为标准，也不能将现实流行的道德准则看作一成不变的道德规范。最后，在加强权威机构评价的同时，重视公众舆论评价的作用。权威机构的评价因为视角广阔、起点较高，对在线零售商道德价值观念的形成和道德行为的选择起着重要的引导作用。而以广大消费者为主体的公众舆论是在线零售商营销道德评价的重要内容。因此，既要重视带有权威性质的道德评价，更要重视公众舆论道德评价，使二者有机结合，相辅相成。

按照营销道德的要求，企业应全面制定一系列制度来规范企业和营销人员的行为。一个优秀的企业应该是道德高尚的楷模。它们不但遵守社会公认的道德规范，而且形成具有自己特色的良好的伦理体系，并通过各种途径向公众传达，以提高企业的美誉度。因此，在线零售商在营销中必须把道德规范放在优先位置，建立一套与广告促销、定价、服务、交易等有关的道德规范。显然，我国在这方面做得还不够，在线零售商营销道德规范化和条例化的程度比较低。这也使得一些营销人员在从事具体工作时缺乏规范性的指导，造成营销行为的伦理性较差。因此，在线零售商应制定公司在网络营销中的商业伦理制度，并且在实际工作中不断修改完善。从道义和目的两方面，综合考虑制定公司在网络营销中所要遵循的伦理规范、准则，并使之制度化、条例化。在线零售商营销道德准则的制定应做到明确、清晰、有针对性，准则一旦确定，就应当发到每个营销人员手中，而且也散发给重要的利益相关者，便于公司同外部的沟通和接受外部的监督。准则一经颁布，就应当被公司视作内部法律，严格执行。准则还应不断完善，以适应外部环境的变化对公司提出的要求。必要的时候可以咨询专门的商业伦理或管理伦理方面的研究机构，开展和其他商业伦理机构的交流与合作。另外，公司应及时发布公司在网络营销中的商业道德制度。一方面使公司员工，尤其是从事在线营销的员工能了解、学习这方面的制度；另一方面使公司外部的顾客了解公司在这方面的努力，得到在线零售商对他们的道德承诺。并且，在公司员工的绩效评估体系中应附上道德方面的指标，对营销人员的在线营销活动进行客观评价时，应考虑到商业道德的因素，根据员工行为表现是否符合商业道德给予适当的奖惩。还要注意定期对在线零售商营销活动进行商业道德方面的审计。公司内部的伦理机构应该及时处理顾客在这方面的投诉，听取他们的意见和建议。在日常管理活动中，要定期对在线营销活动进行审计，对于违反伦理制度的行为及人员要及时处理。

3.3.6 完善以营销道德为主导的企业文化建设机制

加强企业营销道德建设的根本保障是加强企业的道德文化建设。企业营销道德属于价值观问题，企业文化则是企业价值观的集中体现，因此可以说企业营销道德和企业文化的主旨是一致的。企业营销道德通过丰富多彩的企业文化活动融入每个员工血液中，是直接影响企业营销道德的重要因素。优秀的企业文化可以通过其所倡导的共同价值、共同意识，使企业形成一种凝聚力和向心力，从而对企业目标的实现和营销道德水平的提高起到重要作用。企业文化是一个企业长久生存的生命所在，也包括了企业的价值观和营销道德观。处在一定社会文化背景下，企业文化其实是企业参加竞争时所必须修炼的内功。只有缔造具有创造力、影响力、凝聚力，显示出鲜明个性的优秀企业文化，才有利于企业广大职工特别是企业的领导者树立正确的价值观，从而有利于企业做出道德性的营销决策，对企业的非道德营销行为可以起到良好的防范作用。企业文化是直接影响在线零售商营销道德建设的重要因素。企业文化制约着在线零售商营销决策的动机，规范着营销决策的内容，控制着营销决策的实施过程。要实现在线零售商的持续发展，有必要在企业文化中导入营销道德观念，即在组织内部有意识地培养一种员工发展、股东获利、消费者满意以及社会责任得到履行的企业价值取向，使在线零售企业的经营管理者在市场营销活动中坚持"顾客至上"的经营原则，做到以消费者为中心，而不是以利润为中心；以"人"为营销活动的出发点，而不是以"物"为企业经营的出发点。在营销分析、计划、执行、控制过程中主动意识到并应用"道德与良知"来实现其营销目标。

企业在线营销行为的主体是企业及其员工，因此，解决在线零售商营销过程中的非道德行为，关键在于约束企业及其员工的营销行为。要规范和约束企业员工的行为，仅仅依靠法律和法规制度的强制约束是远远不够的，最重要的是要影响和改变员工的思想和观念。而在一个企业中，能够影响和改变员工思想和价值观念的就是企业文化。加强以营销道德为主导的企业文化建设，使正确的营销道德观成为企业全体员工的共享价值观。企业高层领导以身作则，担当道德模范，是这种企业文化建设成功的保证。因此，企业营销道德建设的关键归根结底就是企业文化的建设。企业文化是一个企业的灵魂，是实现企业制度安排的重要思想保障，是企业行为规范的内在约束。在线零售商必须将道德伦理的观念融入企业的哲学及企业目标当中，重塑企业价值观，重构企业文化。一个符合现代社会伦理道德规范的企业文化是在线零售商持续经营的道德保障。一个符合社会伦理规范的企业文化将在企业内树立全员道德意识。这种潜在的行为规范会对企业及其员工的在线营销过程中的非道德行为进行约束，在某种意义上具有一定的强制性。企业文化具有凝聚功能，其核心价值观与企业精神激励企业员工朝着同一目标采取行动。这种激励力使企业员工自觉自愿地遵守在线零售商的行为规范和道德标准。一个好的企业文化引导企业走向成功。以融合了现代商业伦理规范的企业文化为牵引力引导企业的在线营销行为，是解决在线零售商营销道德问题的根本途径。因此，发挥在线零售商的自主性，搞好在线营销道德建设，需要企业树立正确的营销观念，积极将伦理考虑纳入企业在线营销战略之中，促进在线营销道德和企业文化的结合，有意识地把在线营销道德的思想融入企业文化中，不仅可以丰富企业文化的内涵，而且可提高企业的竞争实力。

3.3.7 推进良好社会文化和道德环境的培育机制

互联网的发展对社会文化、价值观念产生了巨大影响，但是社会文化、价值观念对网络经济也具有很强的约束和制约作用。建立以诚信为核心的道德约束标准，重塑现代社会商业伦理文化，是解决企业在线营销道德问题，推动互联网经济健康快速发展的根本保证。因此，需要在全社会范围内大力宣传营销道德观念，树立营销道德新风尚和道德性社会文化氛围。改善企业营销道德环境将是一个长期的、复杂的系统工程，需要政府、企业、消费者等全方位的通力协作。不仅需要完善相关法律、法规，更重要的是从改善整个社会的道德信任体系入手，通过宣传、教育，努力营造一个人人讲道德、讲诚信的社会环境。这才是解决企业营销道德失范的关键。社会道德环境对在线零售商营销道德水平有直接影响。如果一个在线零售商处在社会道德良好的社会环境中，它的生产经营行为就有可能更为符合社会整体道德水平；一个企业如果处在一个社会道德较差的社会环境中，它的生产经营行为就有可能采取不道德的方式参与市场竞争。因此，要努力提高社会整体的道德水平，在经济社会形成一个讲诚信、讲公平、讲公正的良好的社会环境，使企业在追求自身利益的同时，义利兼顾，既讲究经济效应，也讲究环境效应和消费者权益以及社会的整体利益。在线零售商在当前市场经济条件下进行经营，需要一个规则清晰、秩序井然的社会大环境，需要良好的道德氛围。而这些，又需要每一个企业、每一个公民的参与，使诚实守信、公正无私、尊重他人、关爱生命成为每一个人理所当然的道德取向和行为准则。为此，政府及社会应利用各种传播媒介开展多层次、多形式的企业伦理、营销道德，尤其是企业职业道德教育，提高企业家、企业职工、营销人员的道德素质，同时，大力宣传营销道德水平高的企业，树立典范；企业在进行营销活动时，要把消费者需求、消费者长远利益、企业的利益和整个社会的长远利益结合起来考虑，从而形成全民注重营销伦理的社会氛围。另外，社会必须重视在线营销伦理教育，重视塑造在线营销正确的价值观。网络营销伦理首先是一种理念，这种理念只有被在线营销工作者广泛接受，才能成为他们的自觉行为。为此，必须广泛进行营销伦理规范的宣传和教育，以营销伦理规范为核心进行在线营销文化建设，形成"重道德、讲责任"的氛围，把在线营销伦理规范渗透到营销人员的意识中去，让他们把执行营销伦理规范作为自己的基本职责，以推动在线营销道德风尚的形成和发展。

4 在线零售商营销道德行为的消费者感知——量表开发与维度测量

消费者作为在线零售商的核心利益相关者，对在线零售商营销道德行为的感知和评价是决定在线零售营销成功的关键。从消费者感知的角度理解在线零售商营销道德的内涵和构成要素对指导在线零售商开展道德营销活动具有重要的意义。因此，本章主要对在线零售商营销道德行为的构成要素、测量量表进行实证分析，并基于实证分析结果提出促进在线零售商营销道德建设和治理的对策。

4.1 问题的提出

随着电子商务产业迅速发展，消费者网络购物规模持续扩大。但是，快速增加的电子商务和在线零售活动也为不道德行为的孳生提供了新空间。人们对在线购物的道德关注正在增加（Cheng et al., 2014）。这些道德问题已严重危及电子商务的持续、健康发展，也构成了消费者在线购物的最大障碍和风险。相比面对面交易，道德犯错更可能发生在电子交易中（Citera et al., 2005）。在线零售本质上不能提供高信任度的沟通环境（Grewal et al., 2004），消费者更难区别在线零售商的好坏。虽然，过往在离线市场的研究已大量探讨了营销道德问题，但对在线零售实践中的道德问题还缺乏深入分析。国内外有关在线零售商营销道德的研究仍处于起步阶段，系统化的测量研究还比较欠缺，对在线零售商营销道德行为的消费者感知和评价还缺乏全面、清晰和一致的认知。由于在线零售商与消费者的出发点及认知水平不一致，而许多商业规章制度和企业行为监督都由受到保护的消费者做出，消费者是在线零售商营销道德的核心评价主体，因此，本研究将从消费者感知视角探讨在线零售商营销道德行为的维度结构，开发一个符合心理测量学标准的测量量表。具体而言，本研究通过文献回顾和消费者访谈，获取消费者感知的在线零售商营销道德行为测评内容，通过因子分析对其测量量表的可靠性和有效性进行检验，从更具体的内容层面考察一些新出现的道德维度和因素，并具体分析不同人口统计特征消费者心目中的在线零售商营销道德行为各维度的相对重要性，以及在线零售商营销道德行为与消费者感知的关系是否根据在线零售商类型的不同而有差异。

本章的内容结构安排如下：首先，回顾在线零售商营销道德的理论研究背景、内涵、结构和测量；其次，进行预备性研究，通过访谈和扎根理论分析初步提炼出消费者感知视角的在线零售商营销道德行为测量维度和测量题项，并通过预试形成正式调查量表和问卷；再次，进行正式问卷调查，运用探索性和验证性因子分析对在线零售商营销道德行为测量量表进行验证，并基于在线零售商类型和消费者群体特征进行方差分析；最后，对研究结果进行讨论，提出一些重要的建议，并对本研究的局限性以及进一步研究方向进行探讨。

4.2 文献评述

4.2.1 在线零售商营销道德的理论背景和内涵研究

营销道德的研究始于 20 世纪 60 年代西方学界，并从 20 世纪 90 年代开始引起国内学界的重视。其中，甘碧群和合作者的研究较早较系统地阐述了营销道德的基本概念和理论体系，并开发了中国情景的营销道德评价体系（甘碧群，1997；甘碧群和曾伏娥，2004，2006；寿志纲和甘碧群，2008）。而且，国内营销道德的相关议题还涉及灰色营销道德评价、实体零售企业营销道德评价、营销道德影响因素和效应等（庄贵军和郭艳霞，2009；由莉颖等，2008；夏恩君等，2008；周秀兰，2011；刘思强等，2013）。然而，上述研究均是以实体企业为研究对象的。随着电子商务的快速发展，营销道德问题在近年来进一步渗透到网络环境中。由于互联网的广泛性、开放性和隐蔽性，将营销活动及消费者服务转移到网络上面临道德问题的出现及由此导致的负面消费者反应（Wirtz et al.，2007），在线零售营销活动日益引起道德实践问题（Roman，2010），并突破了传统道德规范，表现出新的形式。Roman（2007）认为在线零售商道德是消费者对在线零售商诚信和责任的认知。这种认知来源于在线零售商以安全、公正、诚实的方式与消费者进行交易，并最终保护消费者的利益。它在本质上反映了在线零售企业的营销活动符合人们道德规范的程度。关于什么样的行为才是符合道德标准的问题，理论界存在两大观点，即依据行为的动机或过程判定道德标准的道义论和依据行为的结果判定道德标准的目的论

（牛永革和李蔚，2006）。本书将功利论与道义论结合起来作为判断在线零售商营销道德的依据，并根据在线零售商营销道德失范现象及表现形式进行具体界定。在线零售商营销道德失范现象贯穿于整个在线零售营销活动过程，包括信息发布、信息收集、客户服务以及各种网上交易活动等，体现了与互联网相关的独特性道德现象。同时，现有多数研究强调卖方道德，而从买方（消费者）角度分析营销道德却相对匮乏（Vitell，2003）。消费者作为商业活动的重要主体，如果不考虑他们的感受和观点，那么，对企业营销道德的了解将是不完整的（AI-Khatib et al.，2005）。在线零售商制定营销决策应充分考虑消费者感受，以消费者利益作为确定善恶的核心标准，制定出符合消费者道德要求的营销决策。因此，本书从消费者感知角度考察在线零售商营销道德行为的表现及其差异性。

4.2.2　在线零售商营销道德行为的结构和测量研究

现有研究主要针对电子商务（在线零售商）道德进行分析，为本研究奠定了基础。Mason（1986）率先提出信息时代所面临的四个信息道德问题，包括隐私、准确性、所有权和可获得性。Stead 和 Gilbert（2001）认为电子商务道德的焦点是隐私和安全。Pollach（2005）从语义学角度检验了在线零售商的隐私政策，突出了公司隐私政策的障碍。Wu 和 Wu（2006）提出测量电子商务道德的指标包括隐私、交易安全、知识产权、信息完整性和准确性。Radin等（2007）认为，电子商务道德问题包括隐私、安全关注、无标签网络广告、域名抢注、面向未成年人的在线营销、利益冲突、制造商与中间商的在线竞争。在文献回顾基础上，Schlegelmilch 和 Oberseder（2010）提出网络道德包括隐私、身份盗用和网络钓鱼。上述研究主要是基于企业角度的分析，许多学者又开始从消费者视角对在线零售商道德内容进行探讨。Bush 等（2000）基于美国的研究发现，消费者从网上交易安全性、网站非法行为、隐私保护、网络信息真实性方面评价购物网站的营销道德。Miyazaki 和 Fernandez（2001）发现隐私、系统安全和在线零售欺诈是消费者对在线购物道德的感知内容。Ranganathan 和 Ganapathy（2002）认为，B2C消费者比较关注网站提供的信息内容、网站设计、安全性和隐私权。Singh 和 Hill（2003）的研究发现，消费者关于网络使用和在线行为的看法受到他们对隐私观点以及他们怎么看待政府和公司在保护消费者隐私中的作用的影响。Milne 和 Culnan（2004）发现阅读隐私申明是消费者使用的仅有措施去管理披露个人在线信息的风险。Meinert 等（2006）发现，消费者提供信息给在线零售商的意愿随着隐私担保陈述的增加而增加。Forsythe 等（2006）测度了在线购物的感知风险，其中的金融风险与道德相关。同时，相关的量表开发工作也在推进中。Roman（2007）基于西班牙消费者的调查开发的在线零售商道德量表包括安全、隐私、非欺诈和履行四维度。Cheng 等（2014）基于交易过程视角分析了消费者感知的电子商务网站道德模型，由销售行为、隐私、安全、可靠性、服务补救构成。阎俊和陈丽瑞（2008）从交易结果可靠性、交易过程安全性、促销诚信性、竞争公平性、广告适度性五个方面开发了消费者对 B2C 网站营销道德的评价体系。蒋侃（2012）则基于文献分析将在线零售商营销道德归纳为交易过程安全性、隐私保护、交易可靠性、公平、非欺骗性五个方面，但研究缺乏实证支持。

综上所述，学界至今没形成统一的、普遍适用的在线零售商营销道德标准，测评内容并不完善。根据营销道德标准分析的三种理论基础：显要义务理论、相称理论和社会公正理论，社会责任因子在传统企业营销道德研究中被视为一个重要的营销道德维度（甘碧群和曾伏鹅，2006）。随着时代变迁，再加上营销道德本身的复杂性和模糊性特点，道德规范和标准也随之变化。现有关于零售行业中道德标准对消费者行为的影响，研究范围涵盖了从绿色消费感知和社会责任（Valor，2007；Stanaland et al.，2011）到具体零售实践中消费者和销售人员对道德的感知（Dubinsky et al.，2004；Fraedrich and Iyer，2008；Nygaard and Biong，2010）。在实践领域，一些大型电子商务企业日益重视企业社会责任运动，如阿里巴巴集团成立了社会责任部门，推动社会责任管理体系在集团公司内部的制度化，积极发布国内互联网企业的社会责任报告，促进互联网企业的社会责任行动。可见，现有研究还没完全涵盖在线零售商营销活动符合人们道德规范的程度和范围，忽略了在线零售商对社会功能和利益的追求与实现。因此，本研究拟采用科学规范的方法进一步系统开发消费者感知的在线零售商营销道德行为测量量表和维度结构，为在线零售商营销道德治理提供科学依据和评价标准。

4.3　预备性研究

4.3.1　访谈

本研究选择半结构访谈法获取有在线购物经历的消费者对在线零售商营销道德行为的理解和感知。访谈过程如下：①向受访者呈现综合的在线零售商营销道德概念；②讨论此概念，在受访者理解概念后，让其陈述所惠顾的购物网站营销道德实践情况；③按照访谈提纲进行提问，并根据被试者的回答情况进行及时追问。同时，也访谈了 6 家购物网站的高层管理人员，每次访谈的时间控制在一个小时左右。访谈的核心问题是：①您如何理解在线营销道德？②一个具有道德责任感的在线零售商会表现出怎样的态度和行为？

4.3.2 编码和产生问卷的题项

笔者邀请三位营销专业的硕士研究生对访谈资料进行了开放式编码，利用内容分析法，将访谈记录的内容划分为特定类目，并系统分类出在线零售商营销道德的访谈内容。首先，三位研究生对访谈资料逐行剖析，发现关键的语干并且标识；然后，研究生将提炼出的相似语干归为一类，从而表示出不同类型的在线零售商营销道德行为；最后，比较三位研究生对每一语干的编码结果，如发现有两位及以上的研究生共同认定某一语干归属某一类目时，即归入此类目。否则，由三位研究生讨论后达成共识的内容继续归类，没达成共识的内容予以删除。结果表明我国在线零售商营销道德行为可以纳入"隐私保护""安全可靠""公平竞争""诚信经营"和"社会责任履行"5 个类目，共包括 41 个有效语句（见表 4-1）。

表 4-1　　　　　　　　　在线零售商营销道德行为编码表

排序	在线零售商营销道德	语句（题项）
1	隐私保护	PP1：未经许可非法收集消费者个人信息 PP2：未经许可与其他企业共享消费者个人信息 PP3：非法使用消费者个人信息 PP4：将消费者个人信息出卖给其他商家来赚钱 PP5：非法泄露和传播消费者个人信息 PP6：非法监控消费者的网购活动以窃取信息 PP7：垃圾邮件泛滥极大侵犯了消费者隐私权
2	安全可靠	SR1：商品发货、交货延迟 SR2：产品在物流配送中损坏或丢失 SR3：支付方式不安全 SR4：售后服务不周到 SR5：消费者投诉回应难 SR6：提供的交易信息不充分 SR7：网络购物系统没有安全保证 SR8：商品信息描述不够详细 SR9：无隐私保护声明 SR10：退货不退款或退款不及时

表4-1（续）

排序	在线零售商营销道德	语句（题项）
3	公平竞争	FC1：模仿或者抄袭竞争对手的界面设计 FC2：贬低竞争对手 FC3：恶意价格竞争 FC4：以不正当手段去获得竞争对手的知识产权和商业秘密 FC5：损害竞争对手的商誉和形象 FC6：在竞争者网页上进行恶意差评 FC7：利用网络强迫性广告进行不正当竞争行为 FC8：采用不正当的竞争手法，扰乱正常销售秩序
4	诚信经营	FM1：虚假广告宣传 FM2：描述产品不真实，隐瞒瑕疵信息和夸大产品功效 FM3：价格与宣传不一致 FM4：产品与订购不一致 FM5：非法诱导顾客购买 FM6：提供假冒伪劣商品 FM7：采用违规方式"刷"信誉度 FM8：虚构交易记录或交易评价误导消费者 FM9：不兑现促销承诺或服务承诺
5	社会责任履行	RE1：发表各种信息垃圾，污染网络环境和危害人们的身心健康 RE2：不遵纪守法、依法纳税 RE3：网站流量和经济效益不好 RE4：不积极参加公益事业、捐赠活动和帮助弱势群体 RE5：对环境不负责，较少提供绿色产品和绿色服务 RE6：员工需求得不到满足，工作表现消极和服务质量不高 RE7：与利益相关者缺乏沟通，对各类询问不及时回复

4.3.3 预试

针对上述语句，开发出在线零售商营销道德行为初始测量量表，使用 Lirket 7点尺度评分，"1"表示"完全符合"，"7"表示"完全不符合"。在南昌选择 80 个有过网购经历的消费者进行预调查，回收有效问卷 76 份。通过删除临界比率未达显著性水平以及各维度中单项对总项的相关系数小于 0.4 的题项，最后形成正式调查问卷，题项数由 41 个减少为 36 个。

4.4 数据与样本

4.4.1 数据收集

由于 B2C 市场增长迅猛，已成为在线零售市场的主要推动力，并且消费者能更全面感知 B2C 在线零售商的营销道德行为，因此，本研究针对 B2C 在线零售商进行调查分析。选择有过 B2C 在线购物经验的消费者作为调查对象，在上海、北京、南昌、长沙、武汉、济南、深圳等城市共发放问卷 472 份，回收有效问卷 422 份，有效回收率为 89.4%。

4.4.2 样本特征

调查涉及的 B2C 网络购物平台和零售企业有天猫、京东商城、当当网、华为商城、聚美优品、唯品会、苏宁易购、小米等多渠道零售商和纯电子商务企业。样本概况如表 4-2 所示。

表 4-2　　　　　　　　　　样本概况

人口统计特征	人数（人）	百分比（%）	人口统计特征	人数（人）	百分比（%）
性别 男 女	141 281	33.4 66.6	月收入 2 000 元以下 2 000~4 000 元 4 000 元以上	107 152 163	25.4 36.0 38.6
年龄 18 岁以下 18~30 岁 31~50 岁 50 岁以上	66 159 143 54	15.6 37.7 33.9 12.8	网购频率 经常 偶尔	248 174	58.8 41.2
受教育程度 大专以下 大专 本科及以上	78 116 228	18.5 27.5 54.0	网购经历 1 年以内 1~2 年 2~4 年 4 年以上	128 167 71 56	30.3 39.6 16.8 13.3

4.4.3 统计方法

本研究采用 SPSS18.0 软件进行探索性因子分析（EFA），采用 AMOS18.0 软件进行验证性因子分析（CFA）和结构方程建模分析。其中，EFA 和 CFA

采用不重叠的样本，将回收的有效样本分成两组，一组样本（$N_1 = 211$）用于 EFA，另一组样本（$N_2 = 211$）用于 CFA。

4.5 结果分析

4.5.1 在线零售商营销道德行为结构的探索性因子分析

首先，研究者利用第一组样本数据（$N_1 = 211$）进行内部一致性检验，并删除单项对总项的相关系数小于 0.4 的题项，保留了 34 个题项。然后，基于这 34 个题项，采用主成分分析法和方差最大正交旋转处理，进行探索性因子分析，并参照以下原则进一步删除不合格题项：第一，在 2 个及以上共同因子中的负荷量均超过 0.4 的题项；第二，在全部共同因子中的负荷量均小于 0.4 的题项。最终得到在线零售商营销道德行为包括 5 个因子以及 32 个题项，5 个因子的特征值大于 1，累积方差解释率为 77.187%，各个题项在对应因子上的负荷为 0.595~0.858。探索性因子分析结果详见表 4-3。因子命名如下：①隐私保护（PP），指消费者个人信息的合法收集、使用和传播；②安全可靠（SR），强调消费者在线购物的支付安全以及交易过程和结果的可靠性；③公平竞争（FC），指消费者对网站是否采取不正当竞争方式的感知；④诚信经营（FM），强调在线零售商合法经营以及不欺骗和隐瞒消费者；⑤社会责任履行（RE），指在线零售商对社会利益的贡献和持续发展能力。探索性因子分析得到的因子结构与定性研究的类目划分保持一致。

表 4-3　　　　　探索性因子分析结果（$N_1 = 211$）

题项（因子名称）	隐私保护	安全可靠	公平竞争	诚信经营	社会责任履行
PP1：未经许可非法收集消费者个人信息	0.852	0.265	0.095	0.182	0.186
PP2：未经许可与其他企业共享消费者个人信息	0.797	0.298	0.135	0.263	0.091
PP3：非法使用消费者个人信息	0.753	0.188	0.232	0.311	0.115
PP4：将消费者个人信息出卖给其他商家来赚钱	0.736	0.202	0.117	0.288	0.216

表4-3(续)

题项（因子名称）	隐私保护	安全可靠	公平竞争	诚信经营	社会责任履行
PP5：非法泄露和传播消费者个人信息	0.801	0.116	0.235	0.089	0.148
PP7：垃圾邮件泛滥极大侵犯了消费者隐私权	0.729	0.306	0.179	0.122	-0.089
SR1：商品发货、交货延迟	0.306	0.788	0.266	0.162	0.073
SR2：产品在物流配送中损坏或丢失	0.295	0.762	0.148	0.253	0.111
SR3：支付方式不安全	0.364	0.667	0.286	0.332	0.228
SR4：售后服务不周到	0.227	0.705	0.187	0.242	0.210
SR5：消费者投诉回应难	0.117	0.823	0.085	0.216	0.224
SR7：网络购物系统没有安全保证	0.209	0.816	0.117	0.098	0.186
SR8：商品信息描述不够详细	0.178	0.746	0.226	0.109	0.242
SR9：无隐私保护声明	-0.096	0.709	0.323	0.227	0.248
SR10：退货不退款或退款不及时	0.301	0.674	0.325	0.268	-0.079
FC1：模仿或者抄袭竞争对手的界面设计	0.172	0.242	0.767	0.144	0.148
FC2：贬低竞争对手	0.211	0.172	0.812	0.190	0.066
FC3：恶意价格竞争	0.217	0.105	0.748	0.200	0.173
FC4：以不正当手段获得竞争对手的知识产权和商业秘密	0.277	0.218	0.683	0.133	0.309
FC6：在竞争者网页上进行恶意差评	0.217	-0.038	0.595	0.318	0.263
FM1：虚假广告宣传	0.206	0.128	0.083	0.858	0.134
FM2：描述产品不真实，隐瞒瑕疵信息和夸大产品功效	0.333	0.058	0.263	0.815	0.232
FM4：产品与订购不一致	0.272	0.228	0.312	0.686	-0.088
FM6：提供假冒伪劣商品	0.204	0.186	0.222	0.749	0.274
FM7：采用违规方式"刷"信誉度	0.289	0.154	0.336	0.721	0.095

表4-3(续)

题项（因子名称）	隐私保护	安全可靠	公平竞争	诚信经营	社会责任履行
FM8：虚构交易记录或交易评价误导消费者	-0.072	0.330	0.288	0.637	0.215
FM9：不兑现促销承诺或服务承诺	0.225	0.237	0.316	0.707	0.146
RE3：网站流量和经济效益不好	0.175	0.264	0.288	0.106	0.766
RE4：不积极参加公益事业、捐赠活动和帮助弱势群体	0.236	0.173	0.206	0.266	0.718
RE5：对环境不负责，较少提供绿色产品和绿色服务	0.035	0.136	0.129	0.278	0.723
RE6：员工需求得不到满足，工作表现消极和服务质量不高	0.256	-0.123	0.156	0.043	0.802
RE7：与利益相关者缺乏沟通，对各类询问不及时回复	0.236	-0.065	0.387	0.093	0.691
特征值	8.296	1.747	1.468	1.329	1.041
方差贡献率（%）	46.028	9.567	8.353	7.583	5.656
累计方差贡献率（%）	46.028	55.595	63.948	71.531	77.187

4.5.2 在线零售商营销道德行为结构的验证性因子分析

针对第二组样本（$N_2 = 211$），运用AMOS18.0对包括32个观测指标的在线零售商营销道德行为测量模型进行二阶验证性因子分析，发现初始模型的GFI指数为0.81，略微偏低，但其他拟合指数尚好（见表4-4）。将题项RE7删除后，模型整体拟合得到较大程度提升，修正后模型的GFI值达到0.86，基本符合要求，同时其他各种拟合指数均得到一定程度改善。其中卡方与自由度比值为1.52，满足小于3.0的标准；CFI、NFI、NNFI均满足大于0.90的标准；RMSEA、RMR均满足小于0.08的标准，表明修正后的测量模型能较好地拟合样本数据。为进一步确定修正后的五维模型是否理想，又将其与一维模型（假设所有的31个题项从属于一个共同因子）进行比较。结果表明修正后的五维模型对样本数据的拟合要明显优于一维模型（见表4-4）。这说明在线零售商营销道德行为的五因子结构模型得到了数据支持。

表4-4 拟合指数（$N_2 = 211$）

拟合指数	绝对拟合指数				简约拟合指数		增值拟合指数		
	x^2/df	GFI	RMR	RMSEA	PNFI	PGFI	NFI	NNFI	CFI
初始模型	1.78	0.83	0.062	0.078	0.78	0.59	0.92	0.95	0.96
修正模型	1.52	0.86	0.058	0.064	0.75	0.58	0.91	0.95	0.97
一维模型	4.96	0.67	0.103	0.196	0.72	0.48	0.83	0.85	0.88
评价标准	<3.0	>0.90	<0.08	<0.10	>0.50	>0.50	>0.90	>0.90	>0.90

4.5.3 信度与效度检验

（1）信度检验

在经过 EFA 和 CFA 后，本研究采用 Cronbach's Alpha、组成信度（CR）和平均方差抽取量（AVE）检验在线零售商营销道德行为量表的信度。计算结果显示（见表4-5）：五个维度的 Alpha 系数均超过 0.70 的标准，CR 值均达到 0.70 以上，最低为社会责任履行维度（CR = 0.836），AVE 也都在 50%以上。这表明本研究开发的在线零售商营销道德行为量表有较好的信度。

（2）效度检验

通过收敛效度、区别效度评估量表效度。表4-5 显示：各题项的因子负荷均高于 0.5，并且绝大部分高于 0.7，且 T 值都达到了显著性水平（p<0.001），表明量表有较好的收敛性。另外，五个因子的 AVE 值均超过 0.5 的临界标准。因此，该量表具有较好的收敛效度。

表4-5 验证性因子分析结果（$N_2 = 211$）

题项	隐私保护		安全可靠		公平竞争		诚信经营		社会责任履行	
	标准化载荷	T 值	标准化载荷	T 值	标准化载荷	T 值	标准化载荷	T 值	标准化载荷	T 值
Item1	0.711	–	0.706	–	0.813	–	0.784	–	0.802	–
Item2	0.768	13.298	0.731	16.878	0.801	18.975	0.837	17.356	0.757	19.273
Item3	0.773	13.336	0.718	16.383	0.785	18.371	0.621	11.483	0.598	17.558
Item4	0.812	13.872	0.549	14.124	0.717	17.276	0.783	15.327	0.826	21.064
Item5	0.780	13.453	0.806	18.439	0.739	17.838	0.776	14.972		
Item6	0.726	12.584	0.818	18.817			0.688	12.186		
Item7			0.792	17.565			0.724	14.272		
Item8			0.777	17.137						

表4-5(续)

题项	隐私保护		安全可靠		公平竞争		诚信经营		社会责任履行	
	标准化载荷	T值	标准化载荷	T值	标准化载荷	T值	标准化载荷	T值	标准化载荷	T值
Item9			0.628	15.018						
Alpha	0.871		0.836		0.762		0.857		0.795	
AVE	0.581		0.533		0.596		0.559		0.564	
CR	0.893		0.910		0.880		0.898		0.836	

注：Item1、Item2、Item3、Item4、Item5、Item6 分别指这些维度的第 1 道题、第 2 道题……

表 4-6 显示，各个维度平均抽取方差量（AVE）的均方根均大于该维度与其他维度之间的相关系数。这表明在线零售商营销道德行为量表有较好区别效度。

表 4-6　　　　各维度均值、AVE 的均方根和维度间相关系数

	均值	隐私保护	安全可靠	公平竞争	诚信经营	社会责任履行
隐私保护	5.472	0.762[b]				
安全可靠	5.263	0.382	0.730[b]			
公平竞争	5.224	0.443	0.526	0.772[b]		
诚信经营	5.047	0.368	0.333	0.476	0.748[b]	
社会责任履行	4.785	0.215	0.171	0.293	0.347	0.751[b]

注：b 表示 AVE 的均方根。

4.5.4　在线零售商营销道德行为水平的测量

利用第二组样本数据进行统计分析发现（见表 4-6），隐私保护维度的均值最高，为 5.472，接下来依次是安全可靠和公平竞争，诚信经营和社会责任履行的均值相对较低。就线零售商的整体而言，平均得分是 5.158，接近于"基本不符合"。这表明我国在线零售企业表现出一定的营销道德水平，特别体现在隐私保护方面，同时能做到公平参与市场竞争，并保证顾客交易过程和结果的安全可靠，但在诚信经营和社会责任履行方面的表现相对较差。

4.5.5　在线零售商类型和消费群体特征的影响分析

基于表 4-5 中修正模型的 31 个题项以及 422 个总样本，对隐私保护、安

全可靠、公平竞争、诚信经营、社会责任履行各项得分进行加总平均得到在线零售商营销道德行为综合评价得分，运用方差分析法考察不同在线零售商类型和消费群体特征中的在线零售商营销道德行为表现差异。其中，在线零售商分为线上和线下结合的多渠道零售商、纯粹专业的电子商务企业两类，消费群体特征包括性别（男性和女性）、年龄（30岁以下的低年龄组和30岁以上的中高年龄组）、收入（月收入2 000元以下的低收入组和2 000元以上的中高收入组）、文化程度（大专及以下的低学历组和本科及以上的中高学历组）、网购频率（经常和偶尔）、网络经历（短指网购时间在1年以内，长指网购时间在1年以上）。方差分析结果见表4-7。

表4-7 方差分析结果

项目		样本量	均值	F值	P值
在线零售商类型	多渠道零售商	186	5.326	5.923*	0.031
	纯电子商务企业	236	5.109		
性别	男	141	5.101	6.337*	0.012
	女	281	5.334		
年龄	低年龄	225	5.412	15.828***	0.000
	中高年龄	197	5.023		
收入	低收入	107	5.247	1.753	0.158
	中高收入	315	5.188		
受教育程度	低学历	194	5.373	10.252**	0.001
	中高学历	228	5.062		
网购频率	经常	248	5.117	5.896*	0.018
	偶尔	174	5.318		
网购经历	长	294	5.042	12.668***	0.000
	短	128	5.393		

注：* 代表 $p<0.05$；** 代表 $p<0.01$；*** 代表 $p<0.001$。

表4-7显示，除收入对在线零售商营销道德行为没有显著差异化影响外，在线零售商类型和消费者的性别、年龄、受教育程度、网购频率、网络经历的差异化影响都存在。相比纯电子商务企业，消费者对多渠道零售商的营销道德行为整体表现评价更高。这表明多渠道零售商由于同时结合了线下和线上渠道的优势，使消费者对其产品和服务感知更为直接和客观。这有助于提升消费者

对其营销道德水平的评价。另外，相比男性消费者，女性消费者对在线零售商营销道德行为整体表现评价更高。可能的解释是女性更热衷于网络购物，在网购中表现得更为感性、愉悦和兴奋，从而转移或降低了她们对在线零售商营销道德的判断能力。相比中高年龄消费者、中高学历消费者，低年龄消费者、低学历消费者对在线零售商营销道德行为整体表现评价更高。这表明高年龄和中高学历消费者由于具有更多购物经验及理性判断能力，更易察觉到在线零售商的不良营销道德行为。相比网购频率高和网购经历长的消费者，网购频率低和网购经历短的消费者对在线零售商营销道德行为整体表现评价更高。这表明网购时间和经验越多，消费者对在线零售商营销道德行为的理性判断能力越强。

4.6 结论与讨论

4.6.1 研究结论和价值

本研究从消费者感知视角对我国 B2C 在线零售商营销道德行为量表的开发采用了两阶段的方式，第一阶段主要运用文献法和访谈方法，定性发展出在线零售商营销道德行为的编码表，第二阶段则以调查问卷数据为基础，运用量化方法对定性研究得到的结论作进一步的探索和验证。通过预测试以及大样本调查的因子分析和信效度检验发现，本研究开发的在线零售商营销道德行为量表有良好的心理测量学品质，具有较好的信度和效度，共包括隐私保护、安全可靠、公平竞争、诚信经营、社会责任履行五个测量维度以及 31 个题项。本研究是对现有研究的推进和深化，其中，"隐私保护""安全可靠""公平竞争"与 Roman（2007）、阎俊和陈丽瑞（2008）、Cheng 等（2014）所发展的在线零售商道德量表中的维度基本保持一致，但在测量题项上有了新的发展和丰富。"诚信经营"和"社会责任履行"则是本研究过程中所呈现出的新维度。它们在过往研究中并没得到重视，尤其是忽略了"社会责任履行"。由于近年来以阿里巴巴为代表的大型在线零售企业在自身获利和不断发展壮大的同时，开始日益关注和重视社会责任，因此，在线零售商通过履行社会责任这种高级别的道德运动，对赢得良好社会声誉和品牌形象，吸引更多消费者青睐具有重要意义。

本研究基于量表的实证分析发现，在线零售商表现出一定的营销道德水平，特别体现在隐私保护方面，同时在线零售商能够做到公平参与市场竞争，并保证顾客交易过程和结果的安全可靠，但在诚信经营和社会责任履行方面的表现相对较差。此外，在线零售商类型和消费者人口统计特征的差异化影响也被证实。相比纯电子商务企业，消费者对多渠道零售商的营销道德行为整体表现评价更高；相比男性消费者，女性消费者对在线零售商营销道德行为整体表现评价更高；相比中高年龄消费者、中高学历消费者，低年龄消费者、低学历消费者对在线零售商营销道德行为整体表现评价更高；相比网购频率高和购物经历长的消费者，网购频率低和网购经历短的消费者对在线零售商营销道德行为整体表现评价更高。

本研究的理论价值在于重新审视和认识了在线零售商营销道德行为并对其进行了类目划分和完善。这不仅提供了可信赖的在线零售商营销道德测量工具，也为在线零售商营销道德在发展中与发达国家之间的跨文化比较研究提供了借鉴。同时，本研究对我国在线零售商营销道德治理和管理实践的改善也有重要的实践意义。

4.6.2　管理建议

第一，本研究证实发展出的在线零售商营销道德行为测量量表可作为诊断工具，用来识别和衡量在线零售商在哪些方面需要进行道德改善。我国在线零售商可以应用该量表对其当前的营销道德实践进行标杆，即将本组织与理想状态或其他组织进行比较，以察觉存在的缺陷，并经由改善营销道德实践来提升其相对品牌形象和绩效水平。

第二，本研究发现，相比"隐私保护""安全可靠""公平竞争"三个道德维度，我国B2C在线零售商的诚信经营能力以及对社会责任的履行能力相对较弱。因此，在线零售商应全面实施道德营销战略，突出诚信经营和社会责任履行。首先，应继续提升消费者对在线零售商隐私保护、安全可靠、公平竞争的感知水平。未经消费者许可，不能非法收集、使用、泄露和传播消费者的个人信息，随意向消费者发送垃圾邮件，保证商品及时发货和交货及其在物流配送中不损坏或丢失，加强网络购物系统和支付方式的安全保证，对消费者投诉及时回应和处理，做到无隐私保护声明，在界面详细描述产品和服务信息，确保消费者获得周到的售后服务。在线零售商应共同营造公平的竞争环境，不随意模仿或抄袭竞争对手的界面设计，不恶意进行价格竞争和贬低对手，以不正当手段获得竞争对手的知识产权和商业秘密。其次，在线零售商应坚持诚信经营理念和行为，不做虚假广告，不随意隐瞒瑕疵信息和夸大产品功效，做到产品与订购一致性，不销售假货，不通过违规"刷"信誉度和虚构交易记录或交易评价的手段误导消费者，积极兑现各种促销承诺和服务承诺。最后，在线零售商应积极承担和履行社会责任，为员工创造好的工作环境和条件，激发员工的工作积极性和服务质量，努力提升网站流量和经济效应，为社会创造更多就业机会，积极承担环境责任，参加公益事业、捐赠活动，帮助弱势群体。总之，我国在线零售商应全面实施道德营销战略，满足包括消费者在内的多元利益相关者的要求。

第三，根据在线零售商营销道德行为的消费者感知差异性，积极推进多渠道零售和调整道德营销策略。随着商家线上线下双向发展加剧，零售市场由单渠道零售阶段逐渐步入多渠道零售阶段。网络零售的虚拟化、高竞争、信任危机、物流不畅等一些不利因素也迫使纯粹的电子商务企业着手开设实体店，向线下延伸。结合实体门店与在线商店的多渠道零售模式已成为全球零售业发展的新趋势。多渠道零售不仅可利用原有品牌效应和顾客忠诚度，减少营销成本，而且可为顾客提供更方便的渠道选择机会和更多样化的服务，有助于提升消费者的道德感知和培育其对零售商的忠诚。同时，政府及相关部门应该加强在线购物伦理道德教育和宣传活动，特别是积极培养和提升女性消费群体、低年龄消费群体、低文化程度消费群体、网购经验不丰富的消费群体的道德意识，提升其理性判断能力，从而形成消费压力，促使在线零售商积极改进营销道德活动。

4.6.3 研究局限和进一步研究方向

首先，由于在线零售商营销道德在不同文化背景中的理解不尽相同，因此评估本研究提出的测量量表在不同国家和不同类型的在线零售企业中的可推广性，将有助于发展出一个更为全面的在线零售商营销道德行为架构；其次，在线零售商营销道德行为的先决条件需要进一步的理论和经验研究，因为对营销经理而言，需要知道如何将这些先决条件工具化，借以塑造在线零售商道德营销战略；最后，后续研究可采用更加系统化的绩效评估模型来探讨在线零售营销道德与消费者响应维度间的复杂关系，深入分析其内在机制。

5 在线零售商道德性营销决策——前因、结果及调节机制

从理论层面分析，在线零售商营销道德失范行为受到内外部因素的驱动，从而破坏企业有效地进行道德性营销决策。因此，基于上述章节理论分析的参考，本章具体构建在线零售商道德性营销决策的研究模型，并采取实证方法检验不同内外因对在线零售商道德性营销决策的作用机理以及在线零售商道德性营销决策对其营销绩效的影响效应，同时，考察在线零售商特征在其中的调节机制。

5.1 问题的提出

随着我国在线零售产业和市场的快速发展，与在线购物和交易相关的一些伦理道德和社会问题频繁出现，在线零售商的网上行为出现了一些突破传统道德规范的新的道德问题。它们从根本上损害了广大在线消费者及社会的利益，破坏了在线零售商的企业形象和网络零售商业市场的竞争秩序，更为严重的是败坏了社会风气，影响了市场经济的良性运作。随着市场经济和科技水平的发展，在线零售商的商业道德行为愈发凸显出重要的现实意义。因此，加强在线零售商道德性营销决策，提升在线零售商营销绩效水平势在必行。然而，学界关于在线零售商道德性营销决策受哪些因素的影响，以及这些因素如何通过道德性营销决策促进在线零售商营销绩效水平的提升，还缺乏深入的理论分析和实证探讨。这又不利于为在线零售商营销道德失范行为的治理提供决策参考和指导意见。因此，本研究将有助于全面了解在线零售商道德性营销决策的前因，为在线零售商营销道德的有效治理提供针对性策略建议，从而为在线零售商创造竞争优势以及促进诚信和谐网络零售商圈的发展有积极意义。

本章的内容结构安排如下：首先，回顾在线零售商营销道德的内涵以及界

定在线零售商道德性营销决策的内涵；其次，基于文献法和访谈法提炼出在线零售商道德性营销决策的影响因素，并构建在线零售商道德性营销决策影响因素及其对营销绩效影响的调节机制模型和研究假设；再次，开发出测量量表，并设计调查问卷和开展面向在线零售企业中高层管理者的调查；最后，运用AMOS18.0和SPSS18.0软件对研究模型和假设进行实证检验，对研究结果进行讨论，提出一些重要的建议，并对本研究的局限性以及进一步研究方向进行探讨。

5.2 文献综述和研究模型

5.2.1 在线零售商营销道德的内涵

由于互联网的广泛性、开放性和隐蔽性，将营销和消费者服务转移到网络上面临巨大挑战，包括道德问题的出现及由此导致的负面消费者反应（Wirtz et al.，2007）。许多在线零售商的营销行为突破了传统道德的规范，产生了一些新的违背道德的行为，从而导致在线零售商营销道德失范行为的规范和治理面临新的挑战。然而学界关于在线零售商业情境中的营销道德问题还缺乏系统和深入探讨。相关研究主要集中在传统实体零售企业社会责任的概念、动因、实施策略和评价体系等几个方面（沈鹏熠，2011）。尽管以甘碧群为代表的国内营销道德研究学者较系统地阐述了实体企业营销道德的概念和基本理论体系，但并不能完全适用于在线零售企业为对象的研究情境中。在线零售商营销道德研究亟待形成一套相适应的理论和方法体系。营销道德是与营销决策和营销情境相关的道德判断、标准和规则（Hunt et al.，1986）。在线零售商营销道德是调整在线零售商与所有利益相关者关系的行为规范的总和。它反映了在线零售企业的营销活动符合人们道德规范的程度，主要涉及在线零售商在交易活动中体现的道德水平。在线零售商的营销活动自觉地接受道德规范的约束，符合社会道德标准。其实质是解决企业如何承担好社会责任，妥善解决企业利益同顾客利益、自然环境利益以及社会利益的关系，强调营利与道德的双重标准，杜绝损害消费者、社会和公众利益的营销行为。其中，在线零售商营销道德的核心是企业对消费者利益的主动保护，反映了企业对营销道德规范的遵循程度。在线零售商营销道德是在线零售商为了自身发展而制定的行为准则。理智的在线零售商应把利益诉求控制在合理的范围内，并以消费者利益作为确定善恶的标准。因此，在线零售商在营销活动中如果违背了道德标准，就会产生一系列的营销道德失范现象。

　　全面和科学理解在线零售商营销道德的内涵及其失范表现是在线零售商进行合理的道德性营销决策的前提。因此，现有研究的重心也聚焦在在线零售商营销道德内涵和测量维度的考察和分析中。从国外的相关研究看，学者主要从消费者视角对在线零售商营销道德的维度进行界定。Bush 等（2000）采用开放式问卷调查发现，美国在线消费者从网上交易的安全性、网站非法行为（如欺诈）、隐私保护、网络信息真实性四个方面评价购物网站的营销道德。Miyazaki 和 Fernandez（2001）发现在线消费者对隐私保护、系统安全性和欺诈行为这些道德问题比较敏感。Ranganathan 和 Ganapathy（2002）发现，在线 B2C 消费者比较关注网站所提供的信息内容、网站设计、安全性和隐私权，并且最关注的是安全性和隐私权。Roman（2007）认为在线零售商道德是消费者对在线零售商（网站）诚信和责任的认知，这种认知来源于在线零售商以安全、公正、诚实的方式与消费者进行交易，并最终保护消费者的利益。其研究表明，安全性、隐私保护、无欺骗性、合同履行/可靠性会影响西班牙在线消费者对零售网站的道德水平的认知。随着研究的跨文化扩展，国内的学者也开始对在线零售商营销道德相关问题展开探讨。其中，甘碧群和廖以臣（2004）认为不正当收集和使用消费者个人信息、网上发布虚假和不健康甚至违法的信息、使用垃圾邮件营销、网上交易欺诈是主要的网络不道德现象。时刚强等（2006）则进一步通过定性研究将企业网络营销道德归纳为隐私保护、信息欺诈、数字化产权、信息污染、信息安全和其他问题六类问题。王俊（2006）也总结了十种与网上购物有关的不道德行为（如交货延迟甚至在交款后没有收到商品、网上标注低价的商品永远缺货等）。阎俊和陈丽瑞（2008）通过问卷调查，构建了一个中国本土文化环境下的 B2C 网站营销道德评价模型。数据分析发现，交易结果的可靠性、交易过程的安全性、促销的诚信性、竞争的公平性和广告的适度性五个因子显著影响着在线消费者对 B2C 网站营销道德的评价。蒋侃（2012）在文献研究的基础上，将在线零售商道德归纳为交易过程安全性、隐私保护、交易可靠性、公平、非欺骗性五个方面。由此可见，在线零售商营销道德与实体企业营销道德一样，其涉及的范围也是十分广泛的。在线零售商营销道德贯穿于企业开展网络营销的整个过程，包括信息发布、信息收集、客户服务以及各种网上交易活动，涉及网站发布虚假和违法广告、产品描述不真实、价格歧视、隐私权侵权、垃圾邮件泛滥、网络营销欺诈行为、非法获取并公开和使用消费者信息、信息欺诈问题、数字化产权问题、信息安全问题等多个方面。

5.2.2 在线零售商道德性营销决策及其影响因素

在线零售商道德性营销决策是指在线零售商以用户和社会需求为动机，采取正当的营销方法和手段，给在线消费者和社会带来利益满足，从而有利于在线零售商自身健康发展的营销决策活动。在线零售商在展开营销的过程中如果违背了道德标准，就会消极影响到道德性营销决策，从而产生营销道德失范问题。在实践中，判断某一营销行为是否合乎道德，并非想像的那么容易。关于什么样的行为才是符合道德标准的问题，学界有两大观点，即依据行为的动机或过程判定道德标准的道义论和依据行为的结果判定道德标准的目的论。本书认为应当将目的论和道义论结合起来，即把动机、手段与后果结合起来作为判断在线零售商是否进行了道德性营销决策的依据。如果在线零售商营销决策的动机是以满足广大消费者及社会的需求而非狭隘地以利润最大化为出发点，并贯穿于营销决策全过程中，在交易过程中真正做到了诚信、安全、可靠和公平，最终确保营销决策实施的结果给社会和广大消费者带来了最大的幸福和利益满足，则表明在线零售商营销决策具有道德性。尽管，从理论的角度而言，可以从营销决策行为的目的、手段和后果上判断某一营销决策是否符合道德性营销决策的实质，但制约在线零售商道德性营销决策的具体因素究竟有哪些并不清晰。赵立（2011）的研究围绕实体企业营销道德失范的影响因素进行了归纳，认为影响组织道德氛围的因素包括个体水平因素（Erben and Gneer, 2008；Grojean et al., 2004）和组织水平因素（Shafer, 2008；Bourne and Snead, 1999），但缺乏实证研究佐证，并且这些研究并不一定适用于在线零售情境中。为了深入理解在线零售商道德性营销决策的前因，在参考第 3 章关于在线零售商营销道德失范影响因素理论分析的基础上，本研究又进行了访谈研究，主要选择南昌、武汉、长沙、上海、深圳等地的 B2C 在线零售商进行深度访谈，了解业界对在线零售商道德性营销决策本质内涵及其影响因素的看法。最后，综合理论分析、文献研究和访谈研究的结果，发现在线零售商道德性营销决策的前因涉及外部因素和内部因素。其中，外部因素包括市场信息不对称、制度压力、消费者自我保护、网购技术环境四个方面；内部因素包括伦理型领导、员工-顾客关系质量、组织道德氛围三个方面。

（1）外部因素

①信息不对称。信息不对称是指经济行为人对于同一经济事件掌握的信息量有差异，即部分经济行为人拥有更多更良好的信息，而另一部分则仅拥有较少的、不完全的信息。信息不对称在经济领域易招致道德风险，这早已引起学

者们的关注。信息不对称必定导致信息拥有方为谋取自身更大利益，使另一方的利益受损。这种行为造成一种道德风险（李安林，2008）。信息不对称从客观上使卖方为自身谋利所冒的风险很小，而自己的商业伦理道德水平又达不到自律要求时，便会利用信息不对称，非法或违规操作获利，损害对方利益（张娜和赵晓，2012）。在线零售商与消费者的博弈往往是在信息不对称的状况下进行的，消费者处于明显的信息劣势。而这种信息不对称状况是造成在线零售商营销道德失范的重要因素。网络世界是一个"虚拟世界"，在这个"虚拟世界"充满了各种各样的信息。在线零售商和消费者之间信息不对称，经过"虚拟"网络进一步放大。这给了一些在线零售商行使不道德行为的机会，因为在短期内，非道德营销的成本低，而且非道德营销有时能获得较大的盈利。在线零售交易中，在线零售商与消费者双方信息地位的优劣往往取决于他们各自所拥有的信息量。在线零售商信息量大，具有信息优势，而消费者则信息量最少，处于信息劣势。这种信息不对称状况就会造成"逆向选择"和"道德风险"，从而导致卖方对买方的误导、价格和促销欺诈、隐瞒、销售假冒伪劣产品、发布虚假商业信息等不道德行为。如果将交易活动视作一个博弈过程，显然在线零售商与消费者的博弈则是在信息不对称的状况下进行的，消费者处于明显的信息劣势。而这种信息不对称状况就成为造成在线零售商营销道德失范的重要推动因素，为在线零售商营销道德失范创造了客观条件。因此，本研究提出如下假设：

H5-1：市场信息不对称对在线零售商道德性营销决策有消极影响。

②制度压力。在中国目前转轨经济环境下，影响企业行为的因素除了企业内部因素外，制度环境也起着深刻的作用（夏立军等，2007），因为制度条件能够改变企业从事某一行为的收益和损失，从而影响企业的动机和决策偏好。制度是规范人们交易活动的一套行为规则，是支配经济单位之间可能的合作与竞争方式的一种安排，包括正式的制度安排和非正式的制度安排。制度会影响企业的行为选择，因为制度条件能够改变企业从事某一行为的收益和损失，从而影响企业的动机和决策偏好。企业的行为往往内生于制度环境，是在既定环境下适应环境的理性选择。处于转轨经济环境下的中国，制度环境的主要特征包括政府对经济的干预、要素市场不发达以及法律环境的不完善等。因此，要分析与考察转轨经济条件下的中国企业行为，就离不开对这些制度环境的分析。企业道德风险的产生，根本原因在于战略管理过程中缺乏行之有效的伦理管制方法（陈文军，2011）。企业外部的制度压力对在线零售商可以形成一种监督力量。外部监督力量可以激发团队内部成员的内疚感和集体荣誉感（Gino et al.，2009），因此降低了集体不道德风险。当有组织成员做出非伦理行为时，其他成员是否跟随，在很大程度上取决于外部环境（谭亚莉等，2011）。制度环境因素是促发或改变企业社会责任活动的重要影响因素（Brickson，2007）。Scott（2001）认为，制度是由规制、规范和文化认知三个层面的支柱要素所组成。而制度压力包括规制压力、规范压力和认知压力。其中规制压力是通过制定规则、监督承诺和奖惩行动来规制企业行为的。它更多地体现为正式颁布的法律法规和各种行业标准。规范压力更多通过道德支配的方式来约束企业的适当性行为，体现为价值观和行为规范。认知压力是指企业通过对同行中已经存在和较为流行的各种经验与行为方式的认知，采取模仿等行为以使自身的行为稳定化。企业所面临的规制压力主要来源于政府、专业组织、行业协会等部门制定的法律、政策和法规等具有法律权威或者与法律权威相类似的各种细则（Scott，2001）。Husted 和 Allen（2006）认为，跨国公司是在制度压力的影响下而进行 CSR 管理方面的决策制定。Campbell（2006，2007）提出，在政府规制较为强势、监督更为明显的制度环境条件下，企业会体现出较好的社会责任绩效。各级政府通过法律和颁布行政文件的方式对企业社会责任进行规制。由此可见，在线零售商道德性营销决策与社会法制体系的完善程度及监督执法力度等制度因素密切相关。因此，本研究提出如下假设：

H5-2：制度压力对在线零售商道德性营销决策有积极影响。

③消费者自我保护。消费者道德意识和责任感的缺失以及文化素质、法治观念和知识产权保护上的淡薄，易降低在线购物和交易过程中的自我保护能力，导致消费者对在线零售商不良营销行为缺乏鉴别力或漠不关心，缺乏有效运用法律武器应对损害自身利益的不良营销行为。消费者如果有较强的自我保护意识，则可对在线零售商的不良营销行为进行有效抵制，从而对在线零售商进行道德性营销决策提供一种压力。然而，在线零售商业市场不够成熟和规范，以及消费者在线交易过程中的自我保护意识和能力还较弱，为在线零售商从事不道德营销活动提供了可乘之机，加速了违德营销行为的蔓延和扩散。基于此，本研究提出如下假设：

H5-3：消费者自我保护对在线零售商道德性营销决策有积极影响。

④网购技术环境。在线零售建立在高速发展的互联网技术上，要求网络传输有极快响应速度和畅通道路。我国网络基础设施建设质量离在线零售营销的要求还有一定差距。特别是，有待加强在线零售营销中的网络安全技术研究与建设，如密码技术、访问控制技术、鉴别技术、数据保护技术等。同时，我国网络支付的技术手段有待加强，不仅缺乏安全通用的电子货币，而且网络分销

的现金交割方式尚不能满足全面的网络营销应用。另外，电子商务信用体系还不成熟，缺乏足够多的网络信用工具，导致了人们对电子商务信用工具的不信任。因此，网购技术环境的不成熟是制约在线零售商道德性营销决策的重要因素。基于此，本研究提出如下假设：

H5-4：网购技术环境对在线零售商道德性营销决策有积极影响。

（2）内在因素

①伦理型领导。人们具备实施利他行为的善端，并不意味着人们就能够从事利他的行为。现实中企业就会自觉自愿地承担社会责任。这是因为，决定人们实际行为的因素多种多样。企业所处的社会环境和组成企业的人员特别是管理决策层对道德的认同程度，决定着企业是否自愿承担社会责任以及承担多大的社会责任（周友苏和宁全红，2010）。组织诚信危机几乎都萌芽于组织内部，源起于个人非伦理行为的不断传递与扩散（Donald，2008），而这其中管理者作为组织文化的缔造者和组织价值的布道者起到至关重要的作用。正由于他们在组织中是不可取代的角色，其职场非伦理行为已经超越了个体层面，而对组织产生即时甚至长远的影响（谭亚莉等，2011）。组织高层领导越重视并严格规范自身的伦理行为，组织内员工的非伦理行为将显著减少，组织的伦理氛围更明确，员工承诺感更高（Weaver et al.，1999）。组织高层的伦理领导是阻止集体不道德蔓延的关键因素（Gino et al.，2009）。领导者作为企业决策的制定者，对道德规范的尊崇与否同企业社会责任行为有着直接关系。领导者道德问题越来越受到社会的广泛关注，道德规范在领导力中的重要性日渐突显，且具放大效应（张笑峰和席酉民，2014）。伦理型领导被认为应当诚实、可信，其在个人生活和职场工作中的行为符合道德规范，是关心他人和外部社会的公平且有原则的决策制定者；作为道德管理者，伦理型领导影响员工的道德或非道德行为，其通过树立道德规范的榜样和运用奖惩体系来向员工传播道德规范和价值标准（Trevino et al.，2000）。社会学习理论认为，个体通过关注和效仿来学习可信且引人注意的榜样的态度、价值观和行为，几乎每个个体都会向其他个体寻求道德规范的引导等。社会学习理论解释了伦理型领导影响组织内员工的道德规范行为的过程和机制。伦理型领导是在个人行动以及人际交往中表现出符合道德规范的行为，同时通过双向沟通、强化以及制定规范等方式向员工推广这些行为（Brown et al.，2005）。伦理型领导强调道德管理，通过制定道德标准以及奖惩措施影响员工在道德规范方面的行为表现。领导者通过在组织中树立道德模范，建立和维持道德规范标准，并以身作则展示其伦理型领导行为；通过双向沟通和相关奖惩措施，在组织中承担道德管理者角色，从

而影响员工的额外努力和满意度等（Avey et al.，2009）、组织公民行为等（Avey et al.，2011）和绩效等（Toor and Ofori，2011）一系列的反应结果。社会交换理论将领导者对下属的伦理影响视作一个互惠过程（洪雁和王端旭，2011）。伦理型领导保护团队成员的权利，在人际互动中重视平等、自由、尊重等基本人权（Brown，2006）。这些管理举措使团队成员产生真诚回报的强烈责任感，表现出更愿意参加角色外活动，任务绩效更高。伦理型领导在决策制定中强调社会责任、尊重专业能力，增强了团队成员的工作积极性，激发团队成员进一步拓展自己的工作角色，表现出更多的主动性行为。综上所述，本研究提出如下假设：

H5-5：伦理型领导对在线零售商道德性营销决策有积极影响。

②员工-顾客关系质量。关系质量是西方关系营销领域的重要研究成果，尽管有关关系质量的文献不少，但对关系质量的定义仍不清晰。Crosby 等（1990）从人际关系角度出发，将关系质量定义为顾客在过去满意的基础上，对销售人员未来行为的诚实与信任的依赖程度。高关系质量意味着顾客充分信任服务销售人员，并且对服务销售人员以往表现满意从而对其未来表现充满信心。Henning-Thurau 和 Klee（1997）认为，关系质量如同产品质量，可被视为在满足顾客关系需求上的迫切程度，并可归结为顾客对营销者及其产品的信任与承诺。Holmlund（2001）则提出了 B2B 状态下的关系质量定义，认为关系质量是指商业关系中合作双方的重要人士根据一定的标准对商业往来效果的综合评价。可见，关系质量是一个相对模糊的概念，人们对其缺乏共识。这主要归因于学者们是基于不同的研究情境和视角对关系质量进行认知的。关于关系质量的维度，目前还没有一致的定论。Crosby 等（1990）认为关系质量由满意和信任两个维度组成。Storbacka 等（1994）构建了一个包含服务质量、顾客满意、关系力量、关系长度与关系盈利能力等因素的关系质量动态模型，并且提出关系质量维度包含满意、承诺、沟通和联系等因素。总体来看，关系质量的构成维度因所研究的行业差异而不同，但是信任、满意和承诺却被公认为关系质量的主要维度，并在国内外的实证研究中得到了广泛运用。其中，满意是顾客在实际消费体验后与预期进行比较的结果，是顾客对于产品、服务喜好程度的一种评估。信任是指顾客对交易伙伴的可靠和正直有信心的认知，即顾客相信企业是可以依赖的，并且相信企业会采取对自己有长远利益的服务。承诺是交易伙伴之间对于关系的持续的暗示或明白的誓约，是关系双方想要持续维持有利关系的欲望，承诺可以确保关系的长期保持。一般而言，关系质量越高，顾客对与企业间的互动关系感到越满意，并认为该企业值得信任，进而承

诺双方进一步的关系。

在关系营销领域，通常认为顾客忠诚度依赖于长期发展起来的组织与消费者之间的关系质量，能够体现正面价值的关系是高质量的。关系质量是由许多正向关系结果所组成的高阶构念，反映出关系的总体强度以及满足顾客需要及期望的程度。通常是关系质量越高，顾客对于组织间的互动关系感到越满意，并认为该组织值得信任，进而承诺双方进一步的关系。从文献回顾看，多数学者都提到了满意、信任和承诺这3个维度是关系质量的构成内容。

关系质量通过满意、信任和承诺来呈现。满意不仅可以代表关系是否有效，也可用来预测未来行为。一般消费者越满意，越有助于组织建立长期导向的伙伴关系，因此其实施非伦理行为的倾向越小。信任是指消费者相信对方。获得信任的组织通常会相信顾客对组织有依恋和偏好倾向，就更愿意采取避免伤害顾客的行动，诸如减少或放弃非伦理行为来表示确保与顾客的良好关系继续下去。承诺是想要持续维持有价值关系的一种愿望，不论是基于对关系的情绪连结，还是基于对保持现有关系产生较高利益的现实考虑，获得顾客高承诺的组织一般都不愿意采取有风险的行动来破坏双方关系，表现在伦理行为上，通常是组织非伦理行为减少。基于上述分析，本研究提出假设：

H5-6：员工-顾客关系质量对在线零售商道德性营销决策有积极影响。

③组织道德氛围。个人在组织中因为受到社会规范压力，并不能完全依照自由意志做决策。影响行为的主要因素有伦理议题引发的道德强度知觉、个人因素和组织文化（Ferrell et al.，2000；Wittmer，1992）。这些因素相互独立又交互影响地发生作用，影响伦理评估及意图，进而影响非伦理行为的产生。伦理氛围是团队内部个体对团队所表征的伦理特性的共同知觉（Schminke，2005）。组织中有伦理法规、标准化流程等正式的管理系统帮助团队领导建立一种良好的伦理氛围。但是团队领导的行为会产生更深刻的影响，伦理氛围在很大程度上由团队领导亲自塑造并决定。在一种充满良好道德氛围的环境中做正确的事情是重要的。员工有充分的道德问题意识，希望维持较高的道德标准，乐于提高组织的道德底线。这样的道德氛围进而影响员工的心理活动和行为（如组织承诺、组织公民行为以及员工产出等）。Mayer等（2010）的研究结论表明，领导者在展现其伦理型领导力时，组织中更容易产生并维持道德氛围。在这样的环境中，员工对道德规范问题保持关注并乐于提升组织的道德底线，进而减少从事不端行为的动机。伦理氛围既是抑制非伦理行为激发、也是控制非伦理行为传播的重要调节变量，实质上是组织中一般成员、管理者和高层领导伦理行为相互叠加和影响形成的（谭亚莉等，2011）。个人道德价值观

与组织伦理氛围虽会相互影响，但个人道德观必须通过组织伦理氛围的催化，才会起到积极作用。比如，当组织存在关怀型的伦理氛围时，经理人成功与伦理行为有强烈的正相关关系；当组织存在功利型的伦理氛围时，经理人成功与伦理行为有强烈的负相关关系（Deshpande，1996）。Peterson（2004）更证实了组织伦理价值观在管理者正直性影响部属伦理意图过程中所起到的显著调节作用。目前，弄虚作假、假冒伪劣、恶意拖欠等不讲诚信、不讲商业道德的行为处处可见，并导致劣币驱逐良币的现象。这种现象不仅严重侵害了消费者利益和其他利益相关者的利益，而且严重影响了我国企业的公信力和我国经济的健康发展。在市场经济快速发展的今天，诚信是企业生存之本。因此，推动诚信商业文化和伦理道德氛围的重塑，开展诚信经营，应是我国每一个企业必须承担的社会责任（刘文钢等，2010）。可见，塑造良好道德氛围，有利于在线零售商顺利开展道德营销活动。因此，本研究提出如下假设：

H5-7：组织道德氛围对在线零售商道德性营销决策有积极影响。

5.2.3 在线零售商道德性营销决策与营销绩效

不少研究已经证实了组织道德氛围在个体层面的积极结果，如组织承诺（Cullen et al.，2003）、工作满意感（Okpara，2004）和心理健康水平（Barnett and Shubert，2002）、员工工作安全行为与组织公民行为（Parboteeah and Kapp，2008）等。更多的规范性和实证性研究都支持了良好的商业道德有助于企业价值的提升（杨忠智，2012）。在我国，对组织道德氛围的研究尚处于起步阶段。赵立（2011）从组织道德决策的角度构建了中小企业组织道德氛围以及组织绩效的结构模型，并分析了组织道德氛围对组织绩效的影响。结果表明，组织道德氛围各维度对组织绩效具有直接、显著的预测作用，其中对道德满意感的预测效果最好。周秀兰和唐志强（2013）定性分析了企业营销道德与营销绩效之间的相关关系，认为企业营销道德的四个测评维度与市场绩效间均为正相关关系，而与财务绩效的关系中只有三个维度（诚信、社会责任与公平竞争）对其存在正向影响。尽管如此，对于在线零售商道德性营销决策在组织层面的效应，仍迫切需要加以考察。一个有道德诚信的在线零售商更易赢得消费者的青睐，在消费者心目中塑造自己崇高的商业形象。道德诚信是商家的利润之源，更是提高企业市场绩效的源泉。在线零售市场的恶性竞争行为导致企业盈利水平下降和经营风险的加大。这样的恶性竞争使消费者的权益及企业自身的声誉受损，带有某种程度的不规范性、非有效性和道德风险性，阻碍了企业的可持续发展。冯桂平和牟莉莉（2009）以家电企业作为对象的研究表明，竞争行动及公平性对企业市场绩效有显著影响，竞争越公平，企业的市场绩效越好。企业在市场运营中进行有效的公平竞争，可以带来市场绩效的提高。企业诚信是一种具有道德属性的经济范畴，是促进企业发展的无形推动力，更是企业提升自身价值的一种重要途径。赵旭（2011）以 58 家信息技术业上市公司为样本，对它们的诚信、担保及企业价值相关关系进行了实证研究。结果表明诚信水平和企业市场业绩呈正相关关系。诚信这项无形资源足以将分散的外部社会资源进行有效的组合，从而为企业树立形象，提升品牌价值，获得消费者各方面的认可，带来强有力的市场竞争优势。可以说，诚信是企业提升市场绩效的源泉，也是强化企业竞争优势的隐性关键因素和社会资本。因此，诚信是企业得以持续发展不可或缺的资源，企业诚信水平越高，其市场绩效也越好。另外，企业社会责任通常运用于创建正面积极的顾客关系与良好的企业形象；同时消费者对企业社会责任的认知会影响其对企业产品认知质量的评价，尤其在发生产品伤害事件之后，消费者对企业社会责任的感知在消费者选择是否购买该企业产品时扮演着重要的角色，甚至超出了对产品属性等方面的理性评判，继而会对企业的新产品评价产生晕轮效应，直接影响到企业的财务绩效（牛永革和李蔚，2006）。由此推论，如果在线零售商没有积极承担道德责任或者不愿承担应有的道德责任，对此方面责任的履行会触及消费者的感知，继而对在线零售商的品牌形象与品牌资产产生负面影响，最终影响到在线零售商的销售。根据社会认同理论，人们对有吸引力的企业具有认同感，会肯定企业的存在价值，从而帮助企业建立良好的声誉，提高市场绩效。多项实证研究也表明，企业承担社会责任能显著提高其品牌知名度与美誉度（Carrigan et al.，2001）。Mc Williams 等（2006）认为，具有社会责任感的企业使得其产品形成纵向差异化。这种差异化可以维护或提升企业声誉而带来额外的价值。胡铭（2008）也指出，企业履行社会责任有助于提升其顾客满意度，而顾客满意度的提升在企业市场绩效的改善方面可以起到中介的作用。因此，承担社会责任是企业提高声誉的源泉，是赢得消费者信任的基础。尤其当消费者介入度较低时，可能主要凭借其感知的企业形象做出购买判断。概括来讲，承担社会责任为企业带来良好的声誉，而良好的声誉会影响顾客的购买意向或产品感知质量，对企业营销创新有积极的正向影响，企业便实现了市场绩效的增长。Honga 等（2010）通过对 588 名消费者进行调查后发现，积极承担社会责任的企业更容易得到消费者的认可，并能提高其在消费者中的知名度，从而增加企业的收益。李维安和唐跃军（2005）基于中国市场的研究也发现，公司所处的自然环境和社会环境对公司长远发展日益重要，而且切实履行公司应当承担的社会责任，让公司拥有良好的人脉和声誉，有利于提升公司和谐程度，有利于公司实现盈利目标。综上所述，本研究提出如下假设：

H5-8：在线零售商道德性营销决策对营销绩效有积极影响。

5.2.4 在线零售商特征的调节作用

从微观层面看，在线零售商道德性营销决策及其营销绩效水平的高低也与企业的自身特征有关。不同特征在线零售商所拥有的资源和能力不一样，决定了其道德性营销决策效果的差异。不同类型和规模的在线零售商对外部因素的感知差异及其内部环境的不同，从而导致了不同特征的在线零售商在道德性营销决策的感知和评价上具有一定的差异性。同时，不同类型和规模的在线零售商在道德性营销决策感知和评价上的差异性也会导致不同营销绩效水平。在线零售商营销道德行为的执行，经常需要投入大量的企业资金，而往往只有一些大企业才能承担。对于一些大企业而言，往往也更加注重自身的企业形象塑造，更加有动力对外宣传自己的社会责任（王勇，2011）。Foster（1986）也提出，导致企业社会责任建设和披露的影响变量中，最显著的变量就是公司规模。因此，本研究提出如下假设：

H5-9：在线零售商类型对在线零售商道德性营销决策及其前因有调节作用。

H5-10：在线零售商类型对在线零售商道德性营销决策及其营销绩效有调节作用。

H5-11：在线零售商规模对在线零售商道德性营销决策及其前因有调节作用。

H5-12：在线零售商规模对在线零售商道德性营销决策及其营销绩效有调节作用。

综上所述，本研究提出如下理论模型，如图5-1所示。

5.3 研究设计

5.3.1 变量测量及问卷设计

为获得用于调查研究的问卷，笔者通过文献回顾获得了一些测量题项，然后在此基础上又进行了深度访谈进行测项补充和完善，共形成了包括信息不对称、制度压力、消费者自我保护、网购技术环境、伦理型领导、员工-顾客关

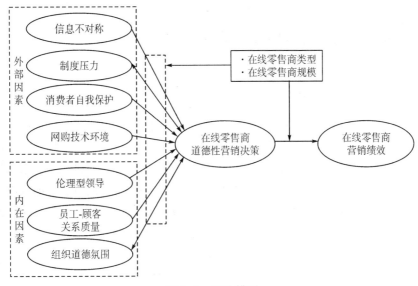

图 5-1 理论模型

系质量、组织道德氛围、在线零售商道德性营销决策、在线零售商营销绩效 9 个变量 43 个题项。随后通过预调研对量表进行纯化。根据对 58 个网络零售经理进行预测试，通过将"分项对总项相关系数"低于 0.4 的题项予以删除，共删除 5 个题项，最终保留了 38 个题项构成正式调查问卷。正式问卷采用 Likert 7 级量表的形式，1 代表"非常不同意"，7 代表"非常同意"。

5.3.2 抽样与数据采集

本研究以 B2C 在线零售商为调研对象，利用实地面访、邮寄问卷、E-mail 调查等方式收集问卷，受访者为商品制造商、经营着离线商店的零售商和没有离线商店的虚拟零售企业三类 B2C 在线零售企业中的中高层管理者。共发放问卷 400 份，回收有效问卷 316 份，有效回收率为 79%。其中，年在线销售收入在 1 000 万元以上的在线零售商占比为 60.8%；商品制造商、经营着离线商店的零售商、没有离线商店的虚拟零售企业三类在线零售商占比分别为 30.1%、23.1% 和 46.8%。

5.4 数据分析与假设检验

5.4.1 信度与效度分析

表 5-1 显示，各潜变量的 Cronbach's Alpha 值为 0.713～0.814，超过了 0.70 的门槛值。这表明，变量测量有较高的信度。随后，使用 AMOS18.0 进行验证性因子分析，结果表明各观测变量在对应潜变量上的标准化载荷系数超过 0.6（≥0.606），并在 p<0.001 的水平上显著，说明变量测量有好的收敛效度。对判别效度的检验如表 5-2 所示。每个潜在变量的 AVE 均方根均大于该变量与其他变量的相关系数，表明各变量之间具有较好的判别效度。

表 5-1　　　　　　　　　信度和收敛效度分析结果

潜变量	测项	标准化载荷	Alpha	潜变量	测项	标准化载荷	Alpha
信息不对称	促销信息不真实 价格体系不透明 虚假商业信息 对买方的误导 销售假冒伪劣产品	0.805 *** 0.787 *** 0.662 *** 0.719 *** 0.743 ***	0.732	员工-顾客关系质量	满意 承诺 信任 沟通	0.726 *** 0.745 *** 0.671 *** 0.703 ***	0.751
制度压力	网购政策法规建设 网购市场监管 执法力度	0.766 *** 0.828 *** 0.793 ***	0.775	组织道德氛围	员工工作伦理 道德强度知觉 组织道德文化 组织伦理价值观 企业伦理制度	0.722 *** 0.748 *** 0.673 *** 0.658 *** 0.701 ***	0.713
消费者自我保护	不良营销行为鉴别力 道德责任感 法治观念 消费者权益保护知识	0.686 *** 0.781 *** 0.754 *** 0.718 ***	0.802	道德性营销决策	隐私保护 安全 诚信 公平竞争 社会责任	0.704 *** 0.811 *** 0.755 *** 0.688 *** 0.746 ***	0.813
网购技术环境	网络安全技术 网络支付技术 网络信用工具	0.733 *** 0.785 *** 0.674 ***	0.814	营销绩效	销售额 利润率 顾客满意度 品牌形象 营销创新	0.753 *** 0.747 *** 0.703 *** 0.725 *** 0.662 ***	0.726
伦理型领导	道德哲学 道德认同 道德管理 职场非伦理行为	0.659 *** 0.743 *** 0.782 *** 0.731 ***	0.766				

注：*** 代表 p<0.001。

表 5-2　　　　　　　　　　　判别效度分析

潜变量	1	2	3	4	5	6	7	8	9
信息不对称	0.750[b]								
制度压力	0.278	0.796[b]							
消费者自我保护	0.326	0.252	0.736[b]						
网购技术环境	0.121	0.266	0.337	0.732[b]					
伦理型领导	0.246	0.428	0.153	0.418	0.730[b]				
员工-顾客关系质量	0.365	0.357	0.235	0.522	0.535	0.712[b]			
组织道德氛围	0.286	0.475	0.341	0.436	0.433	0.485	0.701[b]		
道德性营销决策	0.336	0.329	0.238	0.353	0.291	0.544	0.572	0.742[b]	
营销绩效	0.126	0.198	0.242	0.293	0.278	0.216	0.348	0.576	0.719[b]

注：b 表示 AVE 的均方根。

5.4.2　回归分析

（1）在线零售商道德性营销决策影响因素回归分析

将在线零售商道德性营销决策作为因变量，其影响因素作为自变量纳入回归模型中进行计算。结果显示（见表 5-3），各变量间的共线性问题并不严重。在对在线零售商道德性营销决策的影响中，市场信息不对称在 Sig 值<0.05 的水平下不显著，制度压力、消费者自我保护、网购技术环境、伦理型领导、员工-顾客关系质量、组织道德氛围在 Sig 值<0.05 的水平下显著。因此，H5-1 没得到支持，而 H5-2、H5-3、H5-4、H5-5、H5-6 和 H5-7 得到支持。由此可知，影响在线零售商道德性营销决策的因素受到企业外部因素和内在因素的双重作用。根据路径系数，制度压力、组织道德氛围对在线零售商道德性营销决策的影响更大，接来下依次是网购技术环境、伦理型领导、员工-顾客关系质量、消费者自我保护。至于 H5-1 没有得到验证的原因可能的解释是，在网络购物环境下更容易进行价格等信息对比，并且网络零售商提供了诸多交易担保、货到付款和支付中介担保（如支付宝）等策略。这在一定程度上降低了网络购物中的信息不对称现象，从而弱化了市场信息不对称对营销道德行为的影响。

表 5-3　　在线零售商道德性营销决策及其影响因素间的回归结果

模型	非标准化系数	标准误	标准化系数	Sig.	容忍度	方差膨胀因子	R^2	调整R^2	F	Sig.
常数	-0.198	0.243		0.398						
信息不对称	0.025	0.040	0.030	0.541	0.487	2.051				
制度压力	0.355	0.050	0.338	0.000	0.508	1.970				
消费者自我保护	0.097	0.038	0.123	0.012	0.493	2.027	0.645	0.637	79.807	0.000
网购技术环境	0.121	0.041	0.140	0.003	0.510	1.961				
伦理型领导	0.120	0.040	0.121	0.003	0.712	1.404				
员工-顾客关系质量	0.104	0.046	0.111	0.026	0.473	2.115				
组织道德氛围	0.244	0.043	0.226	0.000	0.717	1.395				

（2）在线零售商道德性营销决策对营销道德治理绩效的回归分析

将在线零售商营销绩效作为因变量，在线零售商道德性营销决策作为自变量纳入回归模型中计算。结果显示（见表 5-4），各变量间共线性不严重。标准化回归系数为 0.569，且在 Sig 值 = 0.000 的水平上高度显著，H5-8 得到了实证支持。即在线零售商道德性营销决策越高，自主创新绩效也越高。

表 5-4　　在线零售商道德性营销决策与营销绩效的回归结果

模型	非标准化系数	标准误	标准化系数	Sig.	容忍度	方差膨胀因子	R^2	调整R^2	F	Sig.
常数	2.373	0.231		0.000						
在线零售商道德性营销决策	0.555	0.045	0.569	0.000	1.000	1.000	0.324	0.322	150.154	0.000

5.4.3　调节效应分析

为检验 B2C 在线零售商特征的调节作用，本研究按类型将 B2C 在线零售商分为商品制造、经营着离线商店的零售商、没有离线商店的虚拟零售商三类，按规模将在线零售商分为中小型在线零售商和大型在线零售商两类。以在线零售商道德性营销决策作为因变量，以其影响因素为自变量进行分组回归分析，分别得到商品制造商（$n_1 = 95$）、经营着离线商店的零售商（$n_2 = 73$）、没有离线商店的虚拟零售商（$n_3 = 148$）组别下的在线零售商道德性营销决策回归系数以及中小型在线零售商（$n_4 = 124$）、大型在线零售商（$n_5 = 192$）组别下的自主创新能力回归系数，分析结果见表 5-5。

表 5-5 分组回归分析结果

模型	B2C 在线零售商类型						B2C 在线零售商规模			
	商品制造商		经营着离线商店的零售商		没有离线商店的虚拟零售商		中小型在线零售商		大型在线零售商	
	标准化系数 (β)	Sig.	标准化系数 (β)	Sig.	标准化系数 (β)	Sig.	标准化系数 (β)	Sig.	标准化系数 (β)	Sig.
信息不对称	-0.018	0.864	0.075	0.622	0.021	0.893	0.086	0.357	0.036	0.767
制度压力	0.011	0.893	0.278	0.006	0.412	0.000	0.312	0.000	0.464	0.000
消费者自我保护	-0.108	0.177	0.118	0.021	0.264	0.000	0.055	0.682	-0.058	0.395
网购技术环境	-0.076	0.265	0.044	0.731	-0.033	0.618	0.112	0.047	0.175	0.000
伦理型领导	0.061	0.323	0.122	0.026	0.167	0.004	0.081	0.334	0.136	0.002
员工-顾客关系质量	0.037	0.548	0.088	0.336	0.114	0.029	-0.093	0.226	0.168	0.000
组织道德氛围	0.111	0.044	0.146	0.008	0.302	0.000	0.144	0.006	0.242	0.000

结果显示，相比商品制造商和经营着离线商店的零售商，制度压力、消费者自我保护、伦理型领导、员工-顾客关系质量、组织道德氛围对没有离线商店的虚拟零售商道德性营销决策的影响更大。相比中小型在线零售商，制度压力、网购技术环境、伦理型领导、员工-顾客关系质量、组织道德氛围对大型在线零售商道德性营销决策的影响更大。可见，影响在线零售商道德性营销决策的部分因素会因在线零售商特征的不同而有差异。至于该调节作用是否显著，将通过 Chow test 进行检验。根据公式，首先对不同类型在线零售商道德性营销决策及其影响因素的回归模型计算 Chow test 结果：

$$F_{12} = \left[(SSE_{12} - SSE_1 - SSE_2) / (m+1) \right] / \left[(SSE_1 + SSE_2) / (n_1 + n_2 - 2m - 2) \right] = 1.717 < F_{0.05}(8, 152)$$

$$F_{13} = \left[(SSE_{13} - SSE_1 - SSE_3) / (m+1) \right] / \left[(SSE_1 + SSE_3) / (n_1 + n_3 - 2m - 2) \right] = 5.188 > F_{0.05}(8, 227)$$

$$F_{23} = \left[(SSE_{23} - SSE_2 - SSE_3) / (m+1) \right] / \left[(SSE_2 + SSE_3) / (n_2 + n_3 - 2m - 2) \right] = 3.549 > F_{0.05}(8, 205)$$

其次对不同规模在线零售商道德性营销决策的影响因素回归模型计算 Chow test 结果：

$$F_{45} = \left[(SSE_{45} - SSE_4 - SSE_5) / (m+1) \right] / \left[(SSE_4 + SSE_5) / (n_4 + n_5 - 2m - 2) \right] = 4.727 > F_{0.05}(8, 300)$$

根据 Chow test 结果，在线零售商道德性营销决策及其部分影响因素的回归系数在商品制造商和经营着离线商店的零售商之间没有显著差异，而在商品制造商和没有离线商店的虚拟零售商、经营着离线商店的零售商和没有离线商店的虚拟零售商之间有显著差异，同时也在中小型和大型在线零售商之间有显著差异，即在线零售商类型和规模对在线零售商道德性营销决策及其影响因素的关系有部分调节作用。因此，H5-9 和 H5-11 均得到部分支持。

接着，又以在线零售商营销绩效为因变量，以在线零售商道德性营销决策为自变量进行分组回归分析，得到不同类型在线零售商组别下回归系数以及不同规模在线零售商组别下的回归系数，结果见表 5-6。

表 5-6　　　　　　　　　　　分组回归分析结果

模型	B2C 在线零售商类型						B2C 在线零售商规模			
	商品制造商		经营着离线商店的零售商		没有离线商店的虚拟零售商		中小型在线零售商		大型在线零售商	
	标准化系数（β）	Sig.	标准化系数（β）	Sig.	标准化系数（β）	Sig.	标准化系数（β）	Sig.	标准化系数（β）	Sig.
在线零售商道德性营销决策	0.373	0.000	0.428	0.000	0.622	0.000	0.328	0.000	0.655	0.000

结果显示，相比商品制造商和经营着离线商店的零售商，没有离线商店的虚拟零售商道德性营销决策对其营销绩效的影响程度更高。相比中小型在线零售商，大型在线零售商道德性营销决策对其营销绩效的影响程度更高。可见，在线零售商道德性营销决策对营销绩效的影响因在线零售商特征的不同有所差异。至于该调节作用是否有统计显著性，将通过 Chow test 进行检验。首先针对不同类型在线零售商道德性营销决策对营销绩效的回归模型计算 Chow test 结果：

$$F_{12} = [(SSE_{12} - SSE_1 - SSE_2)/(m+1)]/[(SSE_1 + SSE_2)/(n_1 + n_2 - 2m - 2)] = 2.159 < F_{0.05}(2, 164)$$

$$F_{13} = [(SSE_{13} - SSE_1 - SSE_3)/(m+1)]/[(SSE_1 + SSE_3)/(n_1 + n_3 - 2m - 2)] = 7.636 > F_{0.05}(2, 239)$$

$$F_{23} = [(SSE_{23} - SSE_2 - SSE_3)/(m+1)]/[(SSE_2 + SSE_3)/(n_2 + n_3 - 2m - 2)] = 5.918 > F_{0.05}(2, 217)$$

其次对不同规模在线零售商道德性营销决策与营销绩效的回归模型计算 Chow test 结果：

$$F_{45} = [(SSE_{45} - SSE_4 - SSE_5)/(m+1)]/[(SSE_4 + SSE_5)/(n_4 + n_5 - 2m - 2)] = 3.366 > F_{0.05}(2, 312)$$

根据 Chow test 结果，在线零售商道德性营销决策与营销绩效的回归系数在商品制造商、经营着离线商店的零售商之间没有显著差异，而在商品制造商和没有离线商店的虚拟零售商、经营着离线商店的零售商和没有离线商店的虚拟零售商之间有显著差异，即在线零售商类型对在线零售商道德性营销决策与营销绩效的关系有部分调节作用。相比商品制造商和经营着离线商店的零售商，提高道德性营销决策水平越高，更加有利于改善没有离线商店的虚拟零售商的营销绩效。因此，H5-10 得到部分支持。另外，在线零售商道德性营销决策与营销绩效的回归系数在中小型和大型在线零售商之间有显著差异，即在线零售商规模的调节作用得到证实。相比小型在线零售商，提高道德性营销决策水平越高，更有利于改善大型在线零售商的营销绩效。因此，H5-12 得到支持。

5.5 结论与讨论

5.5.1 研究结论

本研究通过文献回顾和访谈，构建了在线零售商道德性营销决策的前因、后果及其调节机制模型，并通过 B2C 在线零售商的问卷调查数据进行了实证分析。结果表明，制度压力、消费者自我保护、网购技术环境、伦理型领导、员工-顾客关系质量、组织道德氛围对在线零售商道德性营销决策有积极影响，其中，制度压力、组织道德氛围的影响更大。同时，在线零售商道德性营销决策对营销绩效有显著积极影响。另外，在线零售商特征的调节作用也得到一定程度的支持。相比商品制造商和经营着离线商店的零售商，制度压力、消费者自我保护、伦理型领导、员工-顾客关系质量、组织道德氛围对没有离线商店的虚拟零售商道德性营销决策的影响更大，没有离线商店的虚拟零售商道德性营销决策对其营销绩效的影响程度也更高。相比中小型在线零售商，制度压力、网购技术环境、伦理型领导、员工-顾客关系质量、组织道德氛围对大型在线零售商道德性营销决策的影响更大，大型在线零售商道德性营销决策对其营销绩效的影响程度更高。本研究不仅有一定理论意义，也为我国在线零售商营销道德的治理和改善提供了重要启示。

5.5.2 管理建议

对于在线零售商道德性营销决策的驱动机制构建而言，应充分发挥政府、在线零售商、消费者三方的作用。政府应加强网络零售商业市场的立法和执法水平，不断完善互联网营销的制度环境，通过完善相关法规和监管政策，引导和约束在线零售商的营销行为，通过制度环境的优化使在线零售商为违法违德营销行为付出代价和损失。在线零售商应加强培养伦理型领导，提升相关领导者和管理者的职业伦理行为及道德认同度，不断加强组织内部的道德管理。领导者建立和维持道德规范标准，以身作则展示其伦理型领导行为，有助于形成先进的道德营销哲学和经营理念。在线零售商内部通过加强组织伦理制度和伦理价值观的建设，不断提高组织成员对道德强度的知觉水平以及良好的员工工作伦理，并形成一流的组织道德文化。同时，在线零售企业的员工通过加强专业知识和业务能力的培训以及灌输先进的营销理念和伦理意识，从而在与客户的在线接触和交易中，展现出更多的满意、承诺、信任与沟通水平，通过形成高质量员工-顾客关系纽带，为道德性营销决策创造良好的条件。网购技术设施是在线零售商开展道德营销的客观保障，因此，在线零售商必须重视网络安全技术、网络支付技术和网络信用工具的研发，减少因技术落后和失误造成的违德营销行为。对于消费者而言，应加强在线购物过程中的自我保护，不断提高对不良在线营销行为的鉴别力，养成一定的法治观念和道德责任感，掌握一定的消费者权益保护知识应对可能发生的在线零售商违法和违德营销行为。另外，应注重在线零售商道德性营销决策的前因及效应在不同类型在线零售商之间的差异，积极改善商品制造商、经营着离线商店的零售商以及中小型在线零售商的道德营销决策外部环境和内部条件，加强营销道德决策水平，提高对消费者的隐私保护和安全购物等级，诚信待客，坚持公平竞争，勇于承担社会责任，从而提高营销绩效。

5.5.3　研究局限和进一步研究方向

本研究仍存在一些局限。首先，本研究是基于 B2C 在线零售商所做的调查分析，样本代表性会受限。同时，本研究所使用的是截面数据，难以反映在线零售商道德性营销决策影响因素及其绩效关系随时间转移如何变化。因此，未来研究应继续扩大样本的范围和数量，比如调查 B2B、C2C 在线零售商，并应采取纵贯数据分析在线零售商道德性营销决策影响因素作用效果的动态变化机制。其次，在线零售商道德性营销决策的影响因素和调节因素可能不全面。因此，未来的研究应考虑纳入更多的影响因素和调节因素，并且对这些影响因素之间的交互作用机制也需要做出进一步的探讨。

6 在线零售商营销道德行为的消费者响应机理——理论模型与实证检验

作为在线零售商的核心利益相关者，消费者才是评价在线零售商营销行为是否符合道德规范的决定性市场力量。因此，在制定道德营销决策时，在线零售商应该充分考虑消费者对企业营销道德活动的总体评价和响应。本章主要通过文献回顾和理论分析构建在线零售商营销道德行为与消费者响应关系的研究模型，并基于消费者问卷调查数据，采取结构方程建模法进行实证分析，从而为在线零售商营销道德治理提供管理建议。

6.1 问题的提出

消费者是商业活动中的主要参与者，如果在企业营销道德的研究中不考虑消费者的观点，对营销道德的了解将不够完整（AI-Khatib，2005）。作为在线零售企业的核心利益相关者之一，消费者的道德意识和社会责任感正在不断提升，消费者对在线零售商营销道德行为的积极响应有助于推动在线零售商采取对社会负责任的态度和行为，将营销道德和社会责任行为纳入企业的战略范畴，构建企业与社会互依互哺的良性关系，形成可持续的长远发展格局。尽管有关企业营销道德议题的理论文献已发展得相当丰富，可是从文献回顾看，多数研究都集中在卖方道德方面，而从消费者（买方）的角度出发探讨企业营销道德议题的研究却相对欠缺（Vitell，2003）。大部分研究仍基于生产者视角来探讨消费者的道德响应问题。虽然推动公司的道德责任行为已经变得越来越重要，但是对于消费者而言，真的也如此重要吗？也就是说，这种对企业道德行为的关注真的在市场上可以发挥作用吗？然而，大部分研究只是分析了生产者本身的道德判断，而忽视了消费者对于道德事项的考虑。消费者是评价企业营销行为是否符合道德规范并抵制营销道德失范行为的重要市场力量，除了

"用钞票投票"外，还可以组成"压力集团"，促进相关法律的制定和维权 (Folkes and Kamins，1999)。从这个角度看，在线零售商在制定道德营销决策时，应该充分考虑消费者对企业营销道德活动的总体评价和认可。

目前，关于在线零售商道德营销行为与消费者响应关系的研究还没有定论。现有文献主要聚焦于在线零售商营销道德对消费者行为变量的影响方面，如消费者态度、消费者满意、信任、忠诚、口碑和购买意愿 (Limbu et al.，2011，2012；Roman，2010；Yang et al.，2009；Arjoon et al，2011；Roman et al.，2008；Adam et al.，2007)。但这些研究对在线零售商营销道德行为的消费者响应机理的揭示并不充分，尤其是消费者如何对在线零售商营销道德行为进行响应及其深层次原因，这种响应又如何体现在消费者在线购买意愿的变化上，以及不同类型消费者对在线零售商营销道德行为的响应有何差异等问题并没有得到充分解释。而且这些研究普遍缺乏对中国 B2C 情境下在线零售商营销道德行为的消费者响应进行针对性和本土化研究。文化被视为影响道德决策的最重要因素 (Ferrell and Gresham，1985；Ferrell et al.，1989)。中国作为全球重要的在线零售市场，有着与西方完全不同的文化特征，决定了中国 B2C 情境下在线零售商营销道德行为的消费者响应有不同表现。这还需要深入探讨和总结规律。在过去的研究中，有一些研究涉及消费者伦理响应的影响因素，如 Ellen 等 (2006) 试图基于伦理营销的归因视角探讨消费者伦理响应问题，Creyer 和 Ross (1997) 基于社会期望理论探讨了消费者预期对其伦理响应的影响。但这些研究只是将影响因素片面地归结于某一方面，如消费者的伦理动因推断或消费者社会期望等，并且研究情境也仅局限于实体企业中，缺乏对在线零售情境的实证分析。事实上，消费者对在线零售商营销道德行为的响应受到一系列因素的综合影响，因此有必要发展一个消费者对在线零售商营销道德行为产生响应的综合性框架，旨在更深刻地描述消费者对在线零售商营销道德行为的响应过程与机制。因此，借鉴相关理论，进一步理清在线零售商营销道德行为的消费者响应机理是值得深入探讨的方向。本章试图在这一方面做出重要贡献，重点考察消费者视角下的在线零售商营销道德行为。即在线零售商以道德方式实施营销活动真的对消费者来说很重要吗？在线零售商的营销道德行为将会影响到消费者购买行为吗？消费者是否真正关注在线零售商的营销道德问题？他们到底是如何评价与响应在线零售商营销道德行为的？形成在线零售商营销道德行为的消费者响应结果背后的深层次原因是什么？不同类型消费者对在线零售商营销道德行为的响应有何差异？在线零售商只有了解了这些关键问题和事实，才能在开展营销道德活动中更有主动性，并能更有针对性地实施道德营销战略，从而淡化短期价格和促销竞争，建立具有道德责任感的品牌形象，获取长期、稳定的竞争优势。

本章的内容结构安排如下：首先，回顾在线零售商营销道德领域的相关研究，以及它与消费者响应行为之间的关联性，并构建相应的概念模型和发展系列研究假设；其次，运用访谈法和文献法开发出概念模型的测量量表，并设计调查问卷和开展面向消费者的调查；最后，运用结构方程模型法对概念模型和假设进行实证检验，对研究结果进行讨论，提出一些重要的建议，并对本研究的局限性以及进一步研究方向进行探讨。

6.2 理论背景、概念模型及假设

6.2.1 在线零售商营销道德的测量、前因及结果研究

在线零售商营销道德（Online Retailer Ethics，ORE）是消费者对购物网站诚信和责任的感知，通过与消费者进行安全、公正、诚实的交易，保护消费者利益。它反映了在线零售商营销活动符合道德规范的程度，实质是解决在线零售商如何承担好道德责任和社会责任，杜绝损害消费者和社会利益的营销行为。迄今，相关研究集中在以下三个方面：

（1）在线零售商营销道德的结构与测量。消费者是零售商在营销决策时必须考虑的最重要的利益相关者，从消费者视角分析在线零售商营销道德内涵和结构的相关研究得到了关注。国外具有代表性的研究有：Miyazaki 等（2001）认为，在线消费者对隐私保护、系统安全性、欺诈行为很敏感；Ranganathan 等（2002）发现，消费者比较关注网站所提供的信息内容、网站设计、安全性和隐私权；Bush 等（2000）的研究认为，美国在线消费者从网上交易安全性、欺诈、隐私保护、信息真实性四个方面评价购物网站的营销道德；Roman（2007）的研究表明，安全性、隐私保护、无欺骗性、合同履行/可靠性会影响西班牙在线消费者对零售网站的道德水平的认知。从国外研究看，隐私和安全（Bush et al.，2000；Miyazaki et al.，2001；Singh et al.，2003）是在线购物时最为担心的道德问题。国内的阎俊和陈丽瑞（2008）通过实证研究发现，我国消费者从交易结果可靠性、交易过程安全性、促销诚信性、竞争公平性、广告适度性五个方面评价 B2C 网站营销道德。蒋侃（2012）则通过文献研究将在线零售商营销道德归纳为交易过程安全性、隐私保护、交易可靠性、公平、非欺骗性。可见，判断在线零售商的营销行为是否合乎道德，并

没形成统一的准则。本研究认为在线零售商营销道德行为不仅应反映隐私保护、安全、诚信、公平竞争等方面的基本道德要求，而且应扩展到社会责任等高级道德行为层面，因为它们共同构成了在线零售商营销道德内容体系。

（2）消费者特征对在线零售商营销道德的作用机理。研究表明，当消费者介入越低，欺诈的影响更大（Mitra et al.，2008）。Roman 和 Guestars（2008）分析了消费者网络专长对在线零售商道德感知的影响。Shergill 等（2005）发现，不同类型在线购买者对网站安全/隐私的评价类似。Yang 等（2009）研究表明，宗教信仰和性别与网站道德绩效显著相关。但上述研究并没全面、清晰地解读出不同类型消费者感知的在线零售商营销道德差异。

（3）在线零售商营销道德对消费者行为的影响。研究表明，购物网站道德绩效对消费者信任有影响，在线零售商欺诈行为对消费者满意和忠诚意图有消极影响，并且产品类型、消费者态度和人口统计特征有调节作用。Limbu 等（2011）检验了在线零售商道德对消费者满意和忠诚的影响，Arjoon 等（2011）证实在线零售商道德与消费者忠诚呈正向关系。研究还发现，在线零售商道德不仅对口碑有积极影响，还通过企业道德识别和消费者-企业认同对口碑有间接影响。隐私和安全影响消费者在线购买意愿（Adam et al.，2007）。Limbu 等（2012）证实消费者态度和信任中介感知道德对行为意愿的影响。但这些研究对在线零售商营销道德行为的消费者响应的源头、过程和结果的解释还不全面和深入。

6.2.2　在线零售商营销道德行为与消费者响应

（1）在线零售商营销道德行为的消费者响应概念模型

消费者响应是从感知到评价，到最后形成购买意识、采取购买行为的复杂消费心理和行为反应过程。消费者响应不仅包括对外部刺激进行感官上的编码，还包括根据个人情况产生多感觉的想象（Hirschman and Holbrook，1982）。消费者对企业社会责任的响应，Bhattacharya 和 Sen（2004）的研究认为可分为两种，即内部响应（包括消费者对企业参与社会责任活动的认知、态度和归因）和外部响应（包括购买行为和忠诚度）。借鉴现有观点，本研究将消费者响应也分为内部响应和外部响应，其中内部响应能促进外部响应。消费者对在线零售商营销道德行为的响应是从知晓到感知到评价，到最后形成购买意识、采取购买行为的复杂过程，消费者对在线零售商营销道德行为会做出一系列内部响应和外部响应。其中，消费者会产生对在线零售商营销道德活动的感知和评价，即对在线零售商营销道德绩效的感知和评价。这是消费者对在线零售商营销道德行为响应的核心。那么，是什么因素导致消费者对在线零售商营销道德的感知绩效进行评价，反映了消费者响应启动的原因。它构成了消费者对在线零售商营销道德行为产生响应过程的来源（或内部响应）。本研究试图探讨在线零售商营销道德行为的消费者响应是否存在及其前置因素与后果影响。具体要回答下述问题：什么因素诱发了消费者对在线零售商营销道德行为的感知绩效？在线零售商营销道德行为是否影响消费者的在线购买意愿？为了解释这些复杂的关系和机制，本研究将引入归因理论、期望理论、线索利用理论、消费者伦理意识等理论基础进行剖析。

归因理论可解释消费者对在线零售商营销道德行为表现原因的推论过程。根据归因理论，消费者会根据在线零售商承担和履行营销道德的行为去归因其动机，从而判断在线零售商是出自于利他动机还是利己动机。在线零售商营销道德行为会由于消费者的归因认知差异而产生不同影响。当消费者感知在线零售商是出于利己动机去承担营销道德，其道德绩效感知可能会降低，从而影响购买态度和行为。现有研究也具体表明，消费者感知其从事社会责任的动机对消费者行为有重要作用。Ellen 等（2006）研究发现企业从事社会责任的动机有三种，即以他人为中心、以自我为中心、共赢。消费者认为以他人为中心从事社会责任的企业是有道德的，企业把从事社会责任作为企业应当承担的责任，是一种义务；以自我为中心的企业，消费者认为其从事社会责任具有战略目的，如为了营利。企业以他人为中心承担社会责任，消费者会给予积极响应，企业以利己为中心承担社会责任，消费者会给予消极响应（Ellen et al.，2006；Vlachos et al.，2009）。Ellen 等（2006）试图基于伦理营销的归因视角探讨消费者伦理响应问题，认为如果消费者认为企业的社会责任活动是战略导向与价值导向时，会对该活动持积极的态度；反之，如果消费者认为企业是从自身利益的角度或者利益相关者的角度出发进行伦理营销的，则会对该活动及主办企业产生消极态度。消费者归因直接影响对在线零售商营销道德行为的感知绩效，进而影响到消费者行为。

目前大部分关于企业社会责任与消费者行为的研究存在一个问题，即事先假设或者人工设定了消费者对企业社会责任的感知。事实上，消费者对企业社会责任的感知水平很低（Pomering and Dolnicar，2009；Sen et al.，2006）。只有当消费者知晓企业参与的社会责任活动，才能对企业社会责任产生积极响应，增加对品牌的认知，产生更好的品牌联想。因此，企业加强与消费者的沟通，让消费者知晓企业的营销道德行为十分必要。它能有效提高消费者对在线零售商营销道德实际绩效的准确感知。网络店铺印象作为消费者对在线零售网站设计、订单履行和交易服务、沟通、便利性、商品、安全/保密性、促销等要素的认知和印象，对消费者的购买意愿有重要影响效应。消费者在购买产品之前通常会搜寻各种高质量的信息，因此，网站形象也是消费者网络购物时参考的一个重要因素（吴秋琴等，2012）。在一定程度上，网络店铺形象反映了在线零售商履行道德责任的一些信息，从而增加了消费者对在线零售商营销道德活动的知晓程度。Page 和 Elzbieta（2002）认为网站对人们的响应程度会在一定程度上影响消费者的网络购物体验。根据线索利用理论（Cox，1962；Olson 和 Jacoby，1972），可以推断消费者对在线零售商营销道德水平不知晓和不熟悉时，会将网络店铺印象作为重要线索和信息来判断在线零售商的服务质量和道德价值。研究又表明，消费者道德感知取决于产品标准和他们的个人价值体系（Hiller，2010），伦理意识在消费者道德感知中起着重要作用（Winter et al.，2004）。因此，消费者伦理意识对在线零售商营销道德行为的感知绩效和期望有重要意义。

此外，根据期望理论，消费者对在线零售商营销道德行为的响应程度受到在线零售商营销道德行为的感知绩效和期望之间差距的影响。期望理论认为，消费者在评价产品、服务和企业时，会将他们的期望与主观判断的产品、服务和企业的表现进行私下的比较。根据 Oliver（1980）提出的"期望一致性"模型，满意经由消费者感知的产品绩效与他们的期望比较后产生。当感知绩效超过消费者的期望（正向的不一致），消费者产生满意；当感知绩效低于消费者的期望（负向的不一致），消费者产生不满意。Creyer 和 Ross（1997）基于社会期望理论探讨了消费者预期对其伦理响应的影响，认为消费者可能针对特定企业期望特定的伦理水平，如果伦理的可感知水平没有满足或超过预期，则不满意就会产生。消费者对企业社会责任行为的满意很大程度受其感知的企业社会责任绩效和期望的企业社会责任间差距影响。由此可见，消费者对在线零售商营销道德行为的期望一方面影响了消费者对在线零售商营销道德行为的感知绩效；另一方面影响了期望的一致性，并且期望一致性会强化消费者对在线零售商营销道德的满意感以及在线购买意愿。但这些机制还缺乏实证的支持。

综上所述，现有文献关于消费者响应的研究主要聚焦于实体企业的社会责任和伦理行为，而有关消费者对在线零售商营销道德行为响应背后的深层次影响因素及作用机制还缺乏系统、深入的分析。多数研究只将影响消费者对社会责任和伦理的响应的因素片面地归结为某一个方面，而忽略了消费者的伦理响应受到一系列因素的综合影响。并且这些因素对消费者感知的在线零售商营销道德行为是否具有有效性需要进一步探讨。因此，有必要发展一个消费者对在线零售商营销道德响应的综合性理论框架，从而对在线零售商营销道德行为的消费者响应过程和机制进行更深刻的分析。根据消费者响应过程及其相关理论基础，本研究认为消费者对在线零售商营销道德行为的绩效感知（ORE 感知绩效）是在线零售商营销道德行为的消费者响应的核心变量；消费者对在线零售商营销道德行为的归因（感知动机）、消费者对在线零售商营销道德行为的期望（ORE 期望）、消费者伦理意识以及消费者的网络店铺印象构成了消费者对在线零售商营销道德行为的内部响应；而由消费者对在线零售商营销道德行为的绩效感知导致的期望一致性、在线零售商营销道德行为的满意度（ORE 满意感）以及在线购买意愿构成了消费者对在线零售商营销道德行为的外部响应。只有当消费者对在线零售商营销道德行为产生了积极的内部响应后，才会转化为积极的外部响应。因此，根据消费者内部响应和外部响应的关系，本研究构建出在线零售商营销道德行为的消费者响应模型，详见图 6-1。

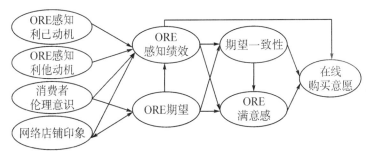

图 6-1　概念模型

（2）在线零售商营销道德行为的感知绩效与期望及其后果

感知绩效与期望是期望一致性的两个前导变量。ORE 感知绩效是消费者对在线零售商营销道德行为表现水平的认知。期望也是企业社会责任和企业营销的一个重要变量（Podnar，2007）。它是对所期待事物的信念，在众多类型的决策中扮演重要角色。根据期望一致性模型，当感知绩效越高，超过期望时，即产生正的期望一致性；当感知绩效越低，低于期望时，即产生负的期望一致性（Spreng and Scott，1996）。并且，满意通过消费者感知绩效与其期望的比较产生。当感知绩效低于期望，消费者不满意；当感知绩效超过期望，消费者满意。研究也表明，消费者对企业社会责任的感知绩效会影响消费者的满意（Luo and Bhattacharya，2006）；社会责任记录良好的企业也会获得消费者的积极评价（Sen& Bhattacharya，2001；Brown and Dacin，1997），企业社会责任水平越高，企业评价越高，消费者购买意愿越强（Mohr et al.，2005）。可见，消费者对在线零售商营销道德行为的感知绩效影响到消费者对在线零售商营销道德行为的满意感以及购买行为。综上所述，本研究提出如下假设：

H6-1：消费者对 ORE 的感知绩效越高，期望一致性越高。

H6-2：消费者对 ORE 的感知绩效越高，ORE 满意感越高。

H6-3：消费者对 ORE 的感知绩效越高，在线购买意愿越高。

消费者对在线零售商营销道德行为的期望是消费者估计企业是否承担营销道德责任和承担多少营销道德责任的可能性。根据社会判断理论，人们对事物的感知会受期望的同化，期望会影响消费者对在线零售商营销道德责任的感知。社会判断理论指出，信念会扭曲人们的感知，当结果不明确时，这种信念扭曲感知的效果最强（Sherif and Hovland，1961）。因此，消费者对在线零售商营销道德行为的期望通过信念扭曲作用会增加消费者对其绩效的感知程度。由于期望一致性是感知绩效与期望之间的差距，因此，学界认为期望与期望一致性之间存在负向关系，即期望越高，期望一致性越可能为负，期望越低，期望一致性越可能为正（Yi，1990）。ORE 期望对在线零售商的评价会产生两种相反的效应，消费者对 ORE 的期望一方面强化了其对在线零售商营销道德行为的感知绩效，另一方面又扩大了消费者期望与 ORE 感知绩效之间的差距，从而影响了期望的一致性。但研究表明，期望对企业社会责任感知绩效的正效应要低于期望对期望一致性的负效应，因为期望对企业社会责任感知绩效的同化一般较弱。因此，ORE 期望对在线零售商营销道德行为满意度的总效应为负。综上所述，本研究提出如下假设：

H6-4：消费者对 ORE 的期望越高，ORE 感知绩效越高。

H6-5：消费者对 ORE 的期望越高，期望一致性越低。

H6-6：消费者对 ORE 的期望越高，ORE 满意度越低。

消费者满意是企业战略的重要组成部分（Beckmann，2006），消费者满意不仅包括对企业产品和服务的满意，还包括对企业道德行为和社会责任的满意。ORE 满意感是消费者对在线零售商营销道德行为和表现的整体评价，期望一致性模型认为期望一致性对满意有直接效应。当期望一致性高时，即感知在线零售商营销道德行为超过消费者的期望，消费者会产生满意，消费者会对在线零售商做出更为正面的评价；而当期望一致性低时，即感知在线零售商营销道德责任低于消费者的期望，消费者会产生不满意，对在线零售商做出负面的评价。消费者响应是依赖于其期望和感知的一致性（Dawkins and Lewis，2003）。消费者对在线零售商营销道德行为的期望是否被满足或超越将影响其对在线零售商的积极响应。当消费者对 ORE 的感知绩效符合或超过期望，则会对企业做出积极评价，从而促进后续购买行为。因此，只有在线零售商营销道德行为符合以及超过了消费者的期望，消费者才会认为在线零售商具有道德责任感，才会对零售商做出肯定的评价，并表现出积极的行为意愿。研究也表明，满足消费者对企业承担社会责任的期望会增加消费者产品购买意愿（Mohr and Webb，2005）。消费者对在线零售商营销道德行为的满意会降低对于卖方机会主义行为的恐慌，对消费者的交易意图产生积极的影响。综上所述，本研究提出如下假设：

H6-7：期望一致性越高，消费者对 ORE 的满意感越高。

H6-8：期望一致性越高，消费者在线购买意愿越高。

H6-9：ORE 满意度越高，消费者在线购买意愿越高。

（3）消费者对在线零售商营销道德行为的感知动机

消费者在获知在线零售商营销道德责任信息后，会进一步推论企业行为背后隐藏的动机。归因理论可以解释消费者对在线零售商营销道德责任这种外在行为表现原因的推论过程。基于该理论的判断，我们认为消费者会对在线零售商营销道德行为进行归因，判断在线零售商营销道德行为的动机包括利他动机和利己动机两种。Becker-Olsen 等（2006）认为利他动机是与社会相联系的动机，而利己动机是与利润相联系的动机。消费者认为以他人为中心从事社会责任的企业是有道德的，企业把从事社会责任作为企业应当承担的责任，是一种义务；以自我为中心的企业，消费者认为企业从事社会责任具有战略目的，如为了营利（Ellen et al.，2006）。当消费者认为在线零售商营销道德行为的动机是以他人为中心时，即感知动机为利他，将在线零售商营销道德行为视为企业具有道德素质的表现，则会增加对企业的正面评价，并形成积极的态度；反之，当消费者认为在线零售商营销道德行为的动机是与利润相联系的，是迫于社会的压力或是为了提升企业的形象或是一种营销手段时，即感知动机为利己，则会怀疑企业的道德水平，并降低对企业的喜爱感觉，做出对在线零售商的负面评价，形成消极的态度。因此，消费者对在线零售商营销道德责任的不同归因，会影响消费者对企业的不同评价和响应行为。当消费者对在线零售商营销道德的行为隐藏的动机产生怀疑，把这种行为视作一种提高企业利润的利己动机时，则会认为企业具有较低的道德水平，弱化其感知的在线零售商营销道德绩效；当消费者把在线零售商的营销道德行为看作一种利他行为时，会认为企业具有高尚的道德水平，强化其感知的在线零售商营销道德绩效。邓新明（2012）也研究了企业伦理利他动因。结果表明持负响应态度的消费者认为企业从事伦理活动的动机是为了自己的商业利益。综上所述，本研究提出如下假设：

H6-10：消费者感知的 ORE 利己动机越多，ORE 感知绩效越低。

H6-11：消费者感知的 ORE 利他动机越多，ORE 感知绩效越高。

（4）消费者伦理意识和网络店铺印象对感知绩效与期望的影响

虽然归因理论揭示了消费者对在线零售商营销道德行为的感知过程，但是在复杂的网络市场环境中，还需要考虑其他因素对消费者感知在线零售商营销道德行为的影响。消费伦理指导消费者在选择、购买、使用商品和服务过程中应遵循怎样的行为规则和标准。消费者伦理意识提升了消费者在伦理评估和判断中的感知状态，可以体现消费者的伦理倾向和伦理水平。消费者越来越愿意考虑其私人消费行为的社会伦理影响，并试图通过自己的购买行为带来社会改变（Muncy and Vitell，1992）。因为消费者所接触的信息越来越多，受教育程度也越来越高，对消费者权益与产品伦理诉求的意识则越来越强。消费者伦理意识是影响其伦理响应的一个重要因素（邓新明等，2011）。随着消费者越来越成熟，已经开始表现出越来越强烈的伦理诉求，进而在购物过程中呈现出一种规范理性特征，即购物时不仅关注产品的物美价廉，还关注产品的伦理因素。消费者伦理意识越强，则在线购物时将表现出更明显的规范理性特征，并愿意投入更多的伦理认知性努力。根据制度理论，制度环境因素是促发或改变企业社会责任活动的重要影响因素（Brickson，2007）。Scott（2001）认为制度是由规制、规范和文化认知所构成，制度压力包括规制压力、规范压力和认知压力。其中，规范压力通过道德支配的方式来约束企业的适当性行为，体现为价值观和行为规范。规范主要是指企业在制定社会责任政策和采取社会责任行为过程中针对主要的利益相关者而具有的一系列伦理、价值观和行为规范。消费者伦理意识水平的提升能促使消费者在伦理信念和伦理消费行为上表现出更高的要求。这无形中给在线零售商实施营销道德活动施加了一种外部规范压力。因此，来自消费者层面的社会规范压力可以促使在线零售商积极履行社会责任和营销道德行为，从而增加在线零售商营销道德行为的感知绩效以及消费者预期水平。在线零售商为了谋求自身利润最大化，会冒险采取一些不良营销行为。消费者作为在线零售商营销对象，如果有较强伦理消费意识，就会产生自我保护意识。那么这些不良营销行为就会受到有效抑制，从而表现出较高的道德责任行为。综上所述，本研究提出如下假设：

H6-12：消费者伦理意识越高，ORE 期望越高。

H6-13：消费者伦理意识越高，ORE 感知绩效越高。

Carrigan 和 Attalla（2001）认为消费者常常缺乏判断公司行为是否道德的

信息。B2C 网购情境中，由于缺乏身体接触和互动，消费者更难判断在线零售商是否道德。实质上，Boulstridge 和 Carrigan（2000）在考察消费者对伦理与非伦理营销活动的响应时，发现大部分消费者均缺乏足够的信息去辨识哪一家企业有或没有从事过伦理活动。而且消费者也很少主动去寻求有关产品生产方面的伦理信息，在购物时只是简单地依赖一些标签信息作为指导。很多消费者并没有被充分告知公司的社会责任信息。根据线索利用理论，网络店铺印象作为信息线索，对消费者判断在线零售商营销道德行为有一定作用。根据线索利用理论（Cox，1962；Olson and Jacoby，1972），可以推断消费者对在线零售商营销道德水平不知晓和不熟悉时，会将网络店铺形象作为重要线索和信息来判断在线零售商的服务质量和道德价值。吴秋琴等（2012）认为，消费者在购买产品之前通常会搜寻各种高质量的信息，因此，网站形象也是消费者网络购物时参考的一个重要因素。消费者在购买产品之前通常会搜寻各种高质量的信息，而随着互联网的发展，网络形象已经成为高质量信息的重要来源。在一定程度上，网络店铺形象反映了在线零售商履行道德责任的一些信息，从而增加了消费者对在线零售商营销道德活动的知晓程度。消费者将店铺印象作为重要的信息线索用于判断在线零售商伦理价值的高低。对于印象好的网站，消费者认为这些企业形象降低的机会成本非常大，因而在印象好的网站购物时风险小，成本低，计算性信任较高。从情感角度，好的网站印象反映了消费者的认可。他们对这些网站的情感性信任也较高。网店店铺印象有利于消费者降低道德风险感知，提高对在线零售商营销道德行为的感知绩效及期望水平。网络店铺印象是消费者对网店不同属性评估和感知的态度组合，也是顾客感受在线零售商营销组合因素所产生的重要营销刺激的整体构架。研究表明，网络商店印象的维度包括网站设计、订单履行、沟通、商品、安全/保密性、促销等（Jin and Park，2006；吴锦峰，2013）。这些网络店铺印象元素对消费者虚拟体验具有积极影响。顾客在特定商店的购买行为取决于他们对该商店的印象的判断（Osma，1993）。依据线索利用理论的观点，这些网络店铺印象元素构成了消费者判断商店服务质量和道德价值的内部线索和外部线索。它们对消费者具有预示价值和信心价值，使消费者相信通过网店店铺印象线索能够成功判断在线零售商营销道德绩效，并且良好的网络店铺印象将有助于消费者对在线零售商形成正面印象，如良好的口碑、知名度和信用等，对在线零售商履行营销道德责任具有更多信心，从而提高消费者对在线零售商营销道德的积极感知和预期。综上所述，本研究提出如下假设：

H6-14：网络店铺印象越好，消费者对 ORE 的期望越高。

H6-15：网络店铺印象越好，消费者对 ORE 的感知绩效越高。

6.3　量表设计与数据收集

6.3.1　量表设计

本研究所用问卷包括 ORE 感知利己动机、ORE 感知利他动机、消费者伦理意识、网络店铺印象、ORE 感知绩效、ORE 期望、期望一致性、ORE 满意感、在线购买意愿和人口统计特征十个部分。我们先借鉴相关文献开发了部分研究变量的测量题项，然后在此基础上又邀请了五名电子商务和营销伦理研究领域的教授进行了访谈，根据他们的意见对测量题项进行了新一轮的补充和完善，最后共形成了包括 ORE 感知利己动机、ORE 感知利他动机、消费者伦理意识、网络店铺印象、ORE 感知绩效、ORE 期望、期望一致性、ORE 满意感、在线购买意愿 9 个变量 32 个题项的预调查量表。调查量表采用 Likert 7 级量表的形式，1 代表"非常不同意"，7 代表"非常同意"。问卷的人口统计特征包括性别、年龄、受教育程度、月收入、网购频率、平均网购金额。在正式调查之前，先对南昌、武汉、长沙部分高校的在校大学生进行了小样本预调查，共发放问卷 100 分，回收有效问卷 86 分，有效率为 86%。对量表进行了探索性因子分析和分项对总项相关系数（CITC）检验，又剔除了 4 个不符合检验要求的指标，最终保留了 28 个题项构成正式调查量表，并与人口统计特征项目一起构成了本研究最终问卷。

6.3.2　数据收集

本研究在上海、北京、武昌、南昌、长沙、重庆、济南、深圳等城市，选择有过在 B2C 网店购物经验的消费者为调研对象，综合运用实地面访、邮寄问卷、E-mail 调查等方式收集问卷。共发放问卷 500 份，回收有效问卷 458 份，有效回收率为 91.6%。样本概况如表 6-1 所示。

表 6-1　　　　　　　　　　　　　　　样本概况

人口统计特征	人数（人）	百分比（%）	人口统计特征	人数（人）	百分比（%）
性别 男 女	193 265	42.1 57.9	月收入 2 000 元以下 2 000~4 000 元 4 000 元以上	118 164 176	25.8 35.8 38.4
年龄 18 岁以下 18~30 岁 31~50 岁 50 岁以上	78 164 148 68	17.0 35.8 32.3 14.9	网购频率 经常 偶尔	260 198	56.8 43.2
受教育程度 大专以下 大专 本科及以上	186 127 145	40.6 27.7 31.7	平均网购金额 100 元以下 100~300 元 300~500 元 500 元以上	97 129 155 77	21.2 28.2 33.8 16.8

6.4　实证分析

6.4.1　信度和效度检验

通过计算（见表 6-2），各潜变量的 Cronbach's α 值为 0.709~0.825，均超过了 0.7。这表明，测量量表有较高信度。随后，使用 AMOS18.0 进行验证性因子分析，各观测变量在对应潜变量上的标准化载荷系数超过 0.5（≥0.641），并在 p<0.001 的水平上显著，说明测量量表有好的收敛效度。对判别效度的检验如表 6-3 所示，每个潜变量的 AVE 平方根均大于该变量与其他变量的相关系数，表明测量量表的判别效度较好。

表 6-2　　　　　　　　　　　信度和收敛效度分析结果

潜变量	题　项	标准化载荷
ORE 感知 利己动机 （α = 0.772）	（1）该网商之所以遵守道德行为是为了获得更多的利润	0.787***
	（2）该网商遵守营销道德是为了应对竞争对手的压力	0.765***
	（3）该网商实施营销道德活动是被逼的，不是真心实意的	0.801***

表6-2(续)

潜变量	题 项	标准化载荷
ORE 感知 利他动机 ($\alpha = 0.814$)	(1) 该网商遵守营销道德是为了促进社会进步 (2) 该网商实施营销道德活动是承担企业公民的责任 (3) 该网商遵守营销道德是为了促进电子商务行业的繁荣和发展	0.826^{***} 0.811^{***} 0.659^{***}
消费者 伦理意识 ($\alpha = 0.751$)	(1) 我会优先购买有良知网商提供的产品 (2) 在生活和消费中不损害他人和社会利益，帮助他人是应尽义务 (3) 我会花一些时间和精力去了解企业伦理方面的信息	0.777^{***} 0.641^{***} 0.744^{***}
网络店铺印象 ($\alpha = 0.709$)	(1) 我对该网商的店铺设计有不错的印象 (2) 该网商很重视用户体验和购买行为 (3) 该网商有很好的商誉 (4) 在该网商的购物和交易活动是安全可靠的	0.686^{***} 0.753^{***} 0.776^{***} 0.782^{***}
ORE 期望 ($\alpha = 0.805$)	(1) 我期望该网商不只是为了创造利润，也尽到了社会成员的责任 (2) 我期望该网商能够开展对社会有贡献的营销活动 (3) 我期望该网商的营销行为维护了消费者的利益	0.844^{***} 0.726^{***} 0.688^{***}
ORE 感知绩效 ($\alpha = 0.788$)	(1) 我认为该网商不只是为了创造利润，也尽到了社会成员的责任 (2) 我认为该网商能够开展对消费者和社会有贡献的营销活动 (3) 我认为该网商的营销行为维护了消费者的利益	0.752^{***} 0.774^{***} 0.716^{***}
期望 一致性 ($\alpha = 0.726$)	(1) 该网商不只为了利润，也尽到了社会成员责任，与我的期望相符 (2) 该网商营销活动对社会的贡献符合我的期望 (3) 该网商的营销行为维护了消费者的利益，与我的期望相符	0.727^{***} 0.689^{***} 0.708^{***}
ORE 满意感 ($\alpha = 0.825$)	(1) 我对该网商能够尽到社会成员的责任感到满意 (2) 该网商营销活动对社会的贡献让我感到满意 (3) 该网商营销行为对消费者利益的维护让我感到满意	0.733^{***} 0.718^{***} 0.757^{***}
在线购买意愿 ($\alpha = 0.755$)	(1) 我会把该网商作为我在线购物的首选 (2) 我会长期继续惠顾该网商 (3) 我会推荐我熟悉的人来这家网商购物	0.682^{***} 0.755^{***} 0.801^{***}

注：*** 代表 $p < 0.001$。

表 6-3   判别效度分析结果

	1	2	3	4	5	6	7	8	9
ORE 感知利己动机	0.785								
ORE 感知利他动机	0.444	0.769							
消费者伦理意识	0.351	0.215	0.723						
网络店铺印象	0.278	0.117	0.158	0.750					
ORE 期望	0.313	0.269	0.237	0.337	0.756				
ORE 感知绩效	0.389	0.335	0.319	0.381	0.542	0.748			
期望一致性	0.252	0.201	0.374	0.477	0.446	0.477	0.708		
ORE 满意感	0.307	0.225	0.353	0.422	0.411	0.559	0.601	0.736	
在线购买意愿	0.226	0.376	0.409	0.375	0.391	0.506	0.568	0.644	0.748

注：对角线上的数字为 AVE 的平方根，对角线下方是各潜变量间的相关系数。

6.4.2 研究假设检验

将调查数据载入研究模型中，并运用结构方程建模软件 AMOS18.0 进行检验。评价结果表明，卡方自由度比（x^2/df）为 2.218，小于 3.0；RMSEA 为 0.055，低于 0.08 的临界值；GFI 和 AGFI 分别为 0.889 和 0.837；NFI 为 0.851；IFI、TLI 和 CFI 分别为 0.928、0.919 和 0.928，均高于 0.9。考虑到模型的复杂性，研究模型的整体拟合状况良好。假设检验结果见表 6-4，除 H6-3、H6-4、H6-6、H6-8、H6-13 没有得到验证外，其余假设均得到实证支持。图 6-2 呈现了经过检验后的研究变量之间的因果关系。

表 6-4   假设检验结果

假设	路径关系	标准化路径系数	T 值	结论
H6-1	ORE 感知绩效→期望一致性（+）	0.165*	2.323	支持
H6-2	ORE 感知绩效→ORE 满意感（+）	0.281**	3.906	支持
H6-3	ORE 感知绩效→在线购买意愿（+）	0.023	0.414	不支持
H6-4	ORE 期望→ORE 感知绩效（+）	-0.110	-0.928	不支持
H6-5	ORE 期望→期望一致性（-）	-0.343**	-3.157	支持
H6-6	ORE 期望→ORE 满意感（-）	0.071	0.726	不支持

表6-4(续)

假设	路径关系	标准化路径系数	T 值	结论
H6-7	期望一致性→ORE 满意感（+）	0.346***	5.835	支持
H6-8	期望一致性→在线购买意愿（+）	0.025	0.439	不支持
H6-9	ORE 满意感→在线购买意愿（+）	0.458***	7.436	支持
H6-10	ORE 感知利己动机→ORE 感知绩效（-）	-0.277**	-2.525	支持
H6-11	ORE 感知利他动机→ORE 感知绩效（+）	0.192**	2.781	支持
H6-12	消费者伦理意识→ORE 期望（+）	0.124*	2.414	支持
H6-13	消费者伦理意识→ORE 感知绩效（+）	0.053	0.583	不支持
H6-14	网络店铺印象→ORE 期望（+）	0.158*	2.204	支持
H6-15	网络店铺印象→ORE 感知绩效（+）	0.217**	3.458	支持

注：* 代表 p<0.05；** 代表 p<0.01；*** 代表 p<0.001。

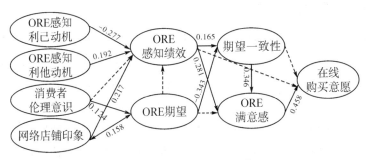

图 6-2　潜变量之间的因果关系

从路径系数的分析结果可以发现，ORE 感知绩效对期望一致性（β=0.165*）和 ORE 满意感（β=0.281**）有显著的正向影响，但是 ORE 感知绩效对在线购买意愿（β=0.023）的直接影响没有得到证实，因此，H6-1 和 H6-2 成立，H6-3 没有获得支持。ORE 期望对期望一致性（β=-0.343**）有显著的负向影响，但 ORE 期望对 ORE 感知绩效（β=-0.110）和 ORE 满意感（β=0.071）的直接影响没有得到证实，因此，H6-5 成立，而 H6-4 和 H6-6 没有获得支持。期望一致性对 ORE 满意感（β=0.346***）有显著的正向影响，但对在线购买意愿（β=0.025）的直接影响没有得到证实，因此，H6-7 成立，H6-8 没有获得支持。ORE 满意感对在线购买意愿（β=0.458***）有显著的正向影响，因此，H6-9 成立。由此可见，ORE 期望和 ORE 感知绩效主要通过期望一致性和ORE感知满意感的中介作用对消费者在线购买意愿产生间接影响。也即，只有当消费者对在线零售商营销道德行为的感知绩效与其期望相符时，才能对在线零售商营销道德行为产生满意感，进而对自身购买意愿产生积极的促进作用。

从ORE感知绩效与期望的动因来看，ORE感知利己动机（β = -0.277**）对ORE感知绩效有显著的负面影响，而ORE感知利他动机（β = 0.192**）对ORE感知绩效有显著的正向影响，因此，H6-10和H6-11成立。消费者伦理意识对ORE期望（β = 0.124*）有显著的正向影响，但对ORE感知绩效（β = 0.053）的影响并不显著，因此，H6-12成立，H6-13没有获得支持。网络店铺印象对ORE期望（β = 0.158*）和ORE感知绩效（β = 0.217**）均有显著的正向影响，因此，H6-14和H6-15均成立。结合上述分析结果可知，ORE期望和ORE感知绩效在在线零售商营销道德行为的消费者响应机理中发挥着重要的中介和传递作用，在线零售商营销道德行为的感知动机、消费者伦理意识和网络店铺印象直接作用于在线零售商营销道德行为的感知绩效和期望，从而形成后续的在线购买态度和行为。

6.4.3 多群组结构方程模型分析

不同于方差分析只能分析不同群体对某个变量的认知水平差异，多群组结构方程模型可对不同变量间的效应差异进行分析。因此，本研究以图6-2验证后的模型路径为基础，将调查数据载入该模型中，按消费者特征（性别、年龄、受教育程度、月收入、网购频率和平均网购金额）分别将总体样本分割为两组子样本利用AMOS18.0进行多群组分析，以考察人口统计特征变量在模型路径中的影响差异，并对运算结果进行整理得到表6-5。从各个子模型拟合指数来看，x^2/df均小于3，RMSEA均小于0.08，GFI、AGF、NFI均高于0.8，IFI、TLI和CFI均高于0.9。因此，多群组结构方程模型与观测数据有较好的拟合程度。

表6-5　　　　　　　　多群组结构方程模型分析结果

假设路径	性别		年龄		受教育程度	
	女	男	高	低	高	低
H6-1	0.056	0.102	0.188*	0.126*	-0.035	0.082
H6-2	0.338***	0.175*	0.101	-0.046	0.053	-0.118
H6-5	-0.327**	-0.029	0.071	-0.059	-0.383***	-0.202**

表6-5(续)

假设路径	性别		年龄		受教育程度	
	女	男	高	低	高	低
H6-7	0.424***	0.152*	0.363***	-0.064	0.441***	0.216**
H6-9	0.498***	-0.073	0.512***	0.166*	0.426***	0.044
H6-10	-0.318**	-0.252**	0.023	-0.108	-0.102	0.058
H6-11	-0.114	0.083	0.265**	0.154*	0.178**	0.077
H6-12	0.183*	0.064	0.227*	-0.078	0.203**	-0.101
H6-14	0.096	-0.058	-0.106	0.022	0.242**	0.036
H6-15	0.264**	0.119*	0.302***	0.155*	0.088	-0.011

假设路径	月收入		网购频率		平均网购金额	
	高	低	经常	偶尔	高	低
H6-1	0.197*	0.155*	0.044	-0.121	0.083	-0.103
H6-2	0.112	-0.096	-0.075	0.104	0.037	-0.136
H6-5	-0.128	0.027	-0.403***	-0.186*	0.014	-0.108
H6-7	0.331***	0.365***	0.418***	-0.075	0.258**	0.262***
H6-9	0.223**	0.241**	0.361***	0.164*	0.353***	0.338***
H6-10	0.036	-0.075	-0.127	0.008	-0.108	0.016
H6-11	0.062	-0.083	0.275**	0.124*	-0.076	-0.106
H6-12	0.173*	0.165*	0.216**	0.044	0.112	0.068
H6-14	0.026	0.102	0.086	-0.088	-0.042	-0.072
H6-15	0.058	-0.103	0.178*	-0.112	0.185*	0.167*

注: * 代表 $p<0.05$; ** 代表 $p<0.01$; *** 代表 $p<0.001$。

多群组结构方程模型结果(如表6-5所示)表明,在ORE感知绩效对期望一致性正向影响的路径H6-1中,年龄高群体($\beta=0.188$,$p<0.05$)比年龄低群体($\beta=0.126$,$p<0.05$)的影响更为显著;月收入高群体($\beta=0.197$,$p<0.05$)和月收入低群体($\beta=0.155$,$p<0.05$)的影响都显著,但影响系数接近。在ORE感知绩效对ORE满意感正向影响的路径H6-2中,男性群体($\beta=0.338$,$p<0.001$)比女性群体($\beta=0.175$,$p<0.05$)的影响更显著。在ORE期望对期望一致性负向影响的路径H6-5中,女性群体影响显著($\beta=-0.327$,

$p<0.01$），男性群体影响不显著；受教育程度高群体（$\beta=-0.383$，$p<0.001$）比受教育程度低群体（$\beta=-0.202$，$p<0.01$）的负面影响更显著；网购频率高群体（$\beta=-0.403$，$p<0.001$）比网购频率低群体（$\beta=-0.186$，$p<0.05$）的负向影响更显著。在期望一致性对ORE满意感正向影响的路径H6-7中，女性群体（$\beta=0.424$，$p<0.001$）比男性群体（$\beta=0.152$，$p<0.05$）的影响更显著；年龄高群体影响显著（$\beta=0.363$，$p<0.001$），年龄低群体影响不显著；受教育程度高群体（$\beta=0.441$，$p<0.001$）比受教育程度低群体（$\beta=0.216$，$p<0.01$）的影响更显著；网购频率高群体影响显著（$\beta=0.418$，$p<0.001$），网购频率低群体影响不显著；月收入低群体（$\beta=0.365$，$p<0.001$）比月收入高群体（$\beta=0.331$，$p<0.001$）的影响显著，但两者差异不大；平均网购频率低群体（$\beta=0.262$，$p<0.001$）比平均网购频率高群体（$\beta=0.258$，$p<0.01$）的影响要显著，但两者差异不大。在ORE满意感对在线购买意愿正向影响的路径H6-9中，女性群体影响显著（$\beta=0.498$，$p<0.001$），男性群体影响不显著；年龄高群体（$\beta=0.512$，$p<0.001$）比年龄低群体（$\beta=0.166$，$p<0.05$）的影响更显著；受教育程度高群体的影响显著（$\beta=0.426$，$p<0.001$），受教育程度低群体的影响不显著；网购频率高群体（$\beta=0.361$，$p<0.001$）比网购频率低群体（$\beta=0.164$，$p<0.05$）影响更显著；月收入低群体（$\beta=0.241$，$p<0.01$）比月收入高群体（$\beta=0.223$，$p<0.01$）的影响显著，但两者差异不大；平均网购频率高群体（$\beta=0.353$，$p<0.001$）比平均网购频率低群体（$\beta=0.338$，$p<0.001$）的影响要显著，但两者差异不大。

在ORE利己动机对ORE感知绩效负向影响的路径H6-10中，女性群体（$\beta=-0.318$，$p<0.01$）比男性群体（$\beta=-0.252$，$p<0.01$）的影响更显著。在ORE利他动机对ORE感知绩效正向影响的路径H6-11中，年龄高群体（$\beta=0.265$，$p<0.01$）比年龄低群体（$\beta=0.154$，$p<0.05$）的影响更为显著；受教育程度高群体的影响显著（$\beta=0.178$，$p<0.05$），受教育程度低群体的影响不显著；网购频率高群体（$\beta=0.275$，$p<0.01$）比网购频率低群体（$\beta=0.124$，$p<0.05$）影响更显著。在消费者伦理意识对ORE期望正向影响的路径H6-12中，女性群体（$\beta=0.183$，$p<0.05$）、年龄高群体（$\beta=0.227$，$p<0.05$）、受教育程度高群体（$\beta=0.203$，$p<0.01$）、网购频率高群体（$\beta=0.216$，$p<0.01$）的影响均显著，但男性群体、年龄低群体、受教育程度低群体和网购频率低群体的影响不显著；月收入高群体（$\beta=0.173$，$p<0.05$）比月收入低群体（$\beta=0.165$，$p<0.05$）的影响显著，但两者差异不大。在网络店铺印象对ORE期望正向影响的路径H6-14中，受教育程度高群体（$\beta=0.242$，$p<0.01$）的影响

显著，受教育程度低群体影响不显著。在网络店铺印象对 ORE 感知绩效正向影响的路径 H6-15 中，女性群体（$\beta = 0.264$，$p < 0.01$）比男性群体（$\beta = 0.119$，$p < 0.05$）的影响更显著；年龄高群体（$\beta = 0.302$，$p < 0.001$）比年龄低群体（$\beta = 0.155$，$p < 0.05$）的影响更显著；网购频率高群体（$\beta = 0.178$，$p < 0.05$）的影响显著，网购频率低群体影响不显著；平均网购金额高群体（$\beta = 0.185$，$p < 0.05$）比平均网购频率低群体（$\beta = 0.167$，$p < 0.05$）影响显著，但两者差异不大。

综上所述，女性、年龄高、受教育程度高、网购频率高的消费者在面对在线零售商营销道德行为时表现出更高程度的响应水平，而月收入和平均网购频率对在线零售商营销道德行为的消费者响应的影响并不明显。究其原因可能是，女性比男性更喜欢网购活动，花在网购上的时间也更多，因此，女性对在线零售商营销道德行为的认知水平更高、反应也更强烈；年龄高比年龄低的消费者在网购中表现得更为理性，其网购活动更注重实用性，对网络商家的道德行为要求更高；受教育程度高的消费者的伦理认知更多，更容易判断出在线零售商营销行为的非法违德现象；而网购频率高的消费者对网络购物更熟悉，掌握的网商信息也更多，弱化了网购中买卖双方信息不对称的负面影响，因此，对网络商家不道德营销行为的识别、判断和反应更快速和激烈。并且，在以上所有被检验的人口统计变量中，H6-7（期望一致性对 ORE 满意感的正向影响）和 H6-9（ORE 满意感对在线购买意愿的正向影响）均得到了验证，证明了这两条路径具有恒定性。因此，期望一致性和 ORE 满意感在 ORE 感知动机、消费者伦理意识和网络店铺印象通过 ORE 感知绩效和 ORE 期望影响到消费者在线购买意愿的过程中发挥了重要的中间和传递作用。这也说明了在线零售商营销道德行为的消费者响应机理并不简单，涉及以 ORE 感知动机、消费者伦理意识和网络店铺印象等前置因素为源头，以 ORE 感知绩效和期望、期望一致性和 ORE 满意感等因素为中介力量，以消费者在线购买意愿为结果变量的复杂影响过程和作用机制。

6.5 结论与讨论

6.5.1 研究结论

本研究实证探索了在线零售商营销道德行为的消费者响应机理，发现在线零售商营销道德行为（ORE）感知绩效对期望一致性和 ORE 满意感有正向影响，ORE期望对期望一致性有负向影响，期望一致性对ORE满意感有正向影响，ORE满意感对消费者在线购买意愿有正向影响。从ORE感知绩效与期望的动因来看，ORE感知利己动机对ORE感知绩效有负向影响，ORE感知利他动机则对ORE感知绩效有正向影响，消费者伦理意识对ORE期望有正向影响，网络店铺印象对ORE期望和ORE感知绩效均有正向影响。另外，多群组分析发现，女性、年龄高、受教育程度高、网购频率高的消费者在面对在线零售商营销道德行为时表现出更高程度的响应水平，而且期望一致性对ORE满意感的正向影响以及ORE满意感对消费者在线购买意愿的正向影响在所有被检验的人口统计特征群组中均得到支持，具有恒定性。因此，期望一致性和ORE满意感在ORE感知动机、消费者伦理意识和网络店铺印象通过ORE感知绩效和期望影响到消费者在线购买意愿的过程中发挥了重要的中间和传递作用。这表明，在ORE感知动机、消费者伦理意识和网络店铺印象的驱动下，当消费者对在线零售商营销道德行为的感知绩效与其期望相符时，才能对在线零售商营销道德行为产生满意感，进而推进消费者在线购买意愿。研究结果对在线零售商营销道德治理有重要启示作用。

6.5.2 管理建议

第一，不断提升在线零售商营销道德行为的消费者期望和感知绩效水平。一方面，在线零售商应识别社会及消费者对其承担营销道德行为的要求，开展符合消费者期望的营销道德活动。为满足消费者期望，在线零售商履行营销道德活动的力度和范围应扩大，全面营销道德的履行势在必行。另一方面，也要让消费者知晓在线零售商营销道德行为表现，提高在线零售商营销道德行为感知绩效水平。在线零售商不仅应遵循营销道德规范，还应通过第三方机构和媒体等中立机构发布其营销道德信息，主动和积极地把营销道德活动告知消费者。消费者对营销道德信息了解越全面和清晰，越愿以实际行动支持具有道德责任感的在线零售商。

第二，实施基于消费者利他归因的在线零售商营销道德战略计划。在线零售商营销活动应不以牺牲消费者和社会利益为代价，符合作为社会成员的要求，并把营销道德精神置入企业文化系统和组织架构中。例如，以阿里巴巴为代表的一批电子商务网站上市加快了国际化进程，并日益重视企业社会责任建设。阿里巴巴集团专设社会责任部门，发表年度社会责任报告。在线零售商应真心实意地从消费者和社会需求出发制订和实施道德营销计划，根本目的是促进社会进步以及承担社会公民责任和促进电子商务行业的整体繁荣。不能迫于竞争压力和获取更多商业利润的目的来制订和实施道德营销计划。

第三，不断优化网络店铺印象，提升消费者网络购物体验质量和道德价值感知。在"消费者主权论"的今天，企业行为只有获得消费者积极响应才能转化为绩效结果。根据线索利用理论，网络店铺印象越好，消费者的网络购物行为反应越积极。因此，在线零售商应重视网络零售的市场细分以及目标市场消费者购买行为分析，精心设计网络店铺，确保网络购物和交易活动的安全可靠性，杜绝网店售假、价格欺诈和隐私侵犯等不良行为，提高网络购物者的体验质量，并通过科学的营销推广活动建立良好的网店商誉，从而提高消费者感知的网络店铺印象，增加在线零售商营销道德行为的感知绩效和期望水平。

第四，重视消费者伦理意识的培育，为在线零售商推进道德营销活动提供"市场压力"。消费者自身应主动学习和掌握网络购物过程中有效判断和识别在线零售商违德非法营销行为的知识，养成理性网络购物习惯，选择和惠顾具有良好商誉的网络商家；政府应加强网络立法建设，净化网络购物环境，促使在线零售商全面和客观发布相关产品和服务信息，帮助消费者准确了解产品质量、价格信息和优惠信息等，提高消费者对网络假冒伪劣产品和不实促销信息的鉴别能力。强化消费者伦理意识可加强对在线零售商营销道德行为的有效干预，促进在线零售商树立正确营销道德价值观。

第五，强化在线零售商营销道德治理策略的差异性和针对性。在激烈竞争的电商市场中，产品和服务越来越同质化，营销道德可以作为在线零售商开展差异化战略竞争及获取竞争优势的手段。这就要求在线零售商应看到消费者如何对其营销道德行为进行响应以及响应行为背后的真实原因。根据多群组分析结果，在线零售商营销道德治理应考虑消费者响应的差异性，针对不同性别、年龄、受教育程度、网购频率的消费者，制定与实施有差别的道德营销措施，从而提高策略的有效性。

6.5.3 研究局限和进一步研究方向

本研究仍存在一些局限。首先，本研究是针对 B2C 在线零售商所做的实证调查，未来有待进一步考察在 B2B 零售情境中，组织顾客如何对在线零售商营销道德行为产生响应及其原因。其次，在线零售商采取不同的道德营销策略和方式，可能会导致消费者对其动机的不同归因以及消费者的不同购买行为。因此，未来的研究应具体分析消费者对不同类型在线零售商营销道德策略和方式的响应差异。最后，在线零售商营销道德行为与消费者响应关系中是否还存在其他前置因素、中介因素和调节因素的作用，仍然值得进一步的探讨。

7 在线零售商营销道德、购物 体验与顾客行为倾向

考虑到在线购物体验是一个重要的消费者心理和行为变量,消费者在线购物不仅追求功能性体验,而且追求情感性体验。满足顾客的在线购物体验需求成为决定在线零售商营销目标实现的关键。因此,本章主要从在线购物体验的视角探讨在线零售商营销道德与顾客行为倾向的关系,目的是进一步扩展在线零售商营销道德的理论机制,并且对在线零售商通过制定科学合理的道德营销策略激发顾客的在线购物体验及积极行为倾向也有重要实践意义。

7.1 问题的提出

在我国,互联网已发展成一种重要的销售渠道,在线购物是互联网用户增长最快的互联网应用方式。2014 年我国在线购物交易额大致相当于社会消费品零售总额的 10.7%,首次突破 10%。在线购物市场交易规模的扩大吸引着越来越多的传统零售商纷纷"触网",积极向线上延伸,经营线上零售业务。随着在线零售市场迅猛发展和竞争的日益激化,如何有效吸引、保留顾客成了业界关注的焦点。目前 B2C 电子商务企业的竞争模式仍然比较单一,大多聚焦在大范围、大力度的促销和广告活动,通过"价格战"的形式来吸引顾客(黄丹阳,等,2014)。随着在线购物体验的丰富以及消费行为和观念的成熟,消费者在线购物时已不再简单地满足于产品本身的价格、功能等,消费者开始注重比较不同网店的设计和服务的理念能否满足其个性化的需求,购物过程的趣味性和情感满足逐渐成为其选择的重要标准。由于商家只能通过互联网的形式与顾客进行交流,因此,保持顾客良好的在线体验至关重要。京东董事局主席刘强东说:"要把用户体验放在首位,其次才是规模和利润。为用户创造最好的网络购物体验和质优价廉的产品,才是京东存在的理由。"研究也表明,

为用户提供良好的在线购物体验可以影响顾客的在线购物意愿（贺和平和周志民，2013）。因此，在线零售情境中顾客购物体验的挖掘和管理已引起学界和业界的共鸣。

随着互联网商业化应用增加，在线购物越来越成为我们日常生活中的一部分（Van Noort et al.，2008）。不幸的是，互联网上的欺诈行为、误导广告和虚假信息也在持续增加（Roman，2010）。尽管我国电子商务呈现爆发式的增长态势，但由于起步较晚、基础较薄弱，网上交易的配套服务体系还不健全，我国电子商务发展过程中还存在诸如假冒伪劣、物流迟缓、售后滞后、钓鱼欺诈、网络传销、价格战、用户信息泄露、频繁的造节促销等影响甚至破坏用户购物体验的诟病。在线零售营销活动日益引起了道德实践问题，已成为消费者在线购物的最大挑战。在线零售商的营销道德水平不仅影响到消费者的在线购物体验质量，而且破坏了虚拟市场的运行效率，并危及在线零售商业市场的健康发展。尽管互联网环境下的消费体验非常重要，创造良好的消费体验甚至日益被看成是绩效的关键驱动力，但互联网背景下的消费体验研究还是相对少见（Rose et al.，2011），尤其是对在线零售商营销道德对顾客在线购物体验的影响和效应还缺乏探索。鉴于此，本研究从顾客在线购物体验的视角，探索和分析在线零售商营销道德维度对顾客行为倾向的影响机理，建构起"刺激→体验→行为"这一横跨并融合伦理学、心理学及行为科学等领域的理论模型，并展开实证检验，从而为我国在线零售市场的营销道德建设以及顾客体验管理实践提供借鉴和启示。

本章的内容结构安排如下：首先，回顾在线零售商营销道德的内涵和测量维度、在线购物体验的内涵和结构研究，然后，基于文献回顾和理论分析，构建在线零售商营销道德、在线购物体验与顾客行为倾向之间关系的研究模型和研究假设。其次，进行变量测量和问卷调查。再次，基于结构方程建模法对研究模型和假设进行检验，并利用中介检验方法对在线购物体验的中介作用进行实证分析。最后，对研究结果进行讨论，提出一些重要的建议，并对本研究的局限性以及进一步研究方向进行探讨。

7.2　文献回顾和理论模型

7.2.1　在线零售商营销道德的内涵和测量维度

由于互联网的广泛性、开放性和隐蔽性，将营销和消费者服务转移到网络上面临巨大挑战，包括道德问题的出现及由此导致的负面消费者反应（Wirtz et al.，2007）。在线情境中感知道德行为的专门研究是有必要的（Palmer，2005）。在线零售商道德是指在线零售商以安全、公正、诚实的形式与消费者进行交易活动，从而形成消费者对在线零售商诚信和责任的感知（Roman，2007）。学界从企业或消费者视角对在线零售商（电子商务）道德展开了一些研究，但并没达成共识。Wu 和 Wu（2006）提出测量电子商务道德的指标包括隐私、交易安全、知识产权、信息的完整性和准确性。Radin 等（2007）列出了电子商务道德包括隐私、安全关注、无标签网络广告、域名抢注、面向未成年人的在线营销、利益冲突、制造商与中间商的在线竞争。Bush 等（2000）发现，美国在线消费者从网上交易的安全性、网站非法行为、隐私保护、网络信息真实性四个方面评价购物网站的营销道德。Roman（2007）基于西班牙消费者的调查，从安全性、隐私保护、无欺骗性、合同履行/可靠性四个方面开发了零售网站道德量表。Cheng 等（2014）基于交易过程视角构建了消费者感知的电子商务网站道德模型，包括销售行为、隐私、安全、可靠性、服务补救五个维度。国内的阎俊和陈丽瑞（2008）研究表明，消费者对 B2C 网站营销道德的评价维度包括交易结果可靠性、交易过程安全性、促销诚信性、竞争公平性、广告适度性。另外，根据营销道德标准分析的三种理论基础：显要义务理论、相称理论和社会公正理论，社会责任因子在传统企业营销道德研究中被视为一个重要的营销道德维度（甘碧群和曾伏鹅，2006）。一些大型电子商务企业也日益重视社会责任运动，如阿里巴巴集团成立了社会责任部门，发布国内互联网企业社会责任报告，促进互联网企业的社会责任行动。然而，现有研究却忽略了对在线零售商社会责任道德维度的考量，忽略了在线零售商对社会功能和利益的追求和实现。为具体获得在线零售商营销道德的测量维度，本研究又针对购物网站的高管和消费者进行开放式访谈。访谈结果发现，在线零售商营销道德主要由隐私保护、安全可靠、诚信经营、公平竞争、社会责任履行五个维度构成。

7.2.2 在线购物体验的内涵和结构

体验是个体对某些刺激，包括企业在顾客消费过程中以及购买前后做出的营销努力产生回应的个别化感受，是由于对事件的直接观察或是参与造成的，是所发生的事件与个人的心理状态之间互动的结果（Schmitt，1999）。体验是顾客对一个公司直接或间接接触时产生的主观的内部反应（Meyer and Schwager，2007）。随着网购市场的兴起，体验也被应用到网络购物中。当消费者与网上商店的环境、服务人员、政策及管理实践互动时，就产生了在线购物体验。有学者在管理信息系统领域基于"流"理论研究了在线用户体验或虚拟体验，还有学者在市场营销领域利用"流"理论或消费体验理论研究消费者网络浏览（信息收集）和网络购买行为（贺和平等，2011）。Csikszentmihalyi（1988）重点研究网购用户在网购中的心理满足感，并最早提出了流体验理论，强调了网购用户的沉浸和投入状态，当个体处于流体验状态时会完全被所做的事吸引，心情非常愉快并且感觉时间过得非常快。O'Brien（2010）以"流"理论为基础，研究了在线购物情境下的用户投入，并将其定义为一种用户体验的质量，包含注意力的集中、感知有用性、持续性、新奇性、美感以及情感介入等内容。基于消费体验理论的在线购物研究将在线购物体验视为一种多维的、个人化的内在心理状态。夏治坤（2009）根据前人研究将电子商务用户体验定义为用户在登陆到电子商务网站后，从用户的注册、身份认证，经历网上对比商品和挑选商品，对比商家信誉，确定购买，并进行网上支付，到收到商品等所经历的环节，电子商务网站给用户提供一整套的交互式服务和购物环境，实现用户的心理感受。黄丹阳等（2014）认为 B2C 购物网站用户购物体验是指，从顾客产生某种需求开始，到最终通过 B2C 购物网站满足其需求，达到其目的，甚至获得了超出其预期效果的整个过程的主观情绪感受。目前，对在线购物体验维度的划分方法主要包括：①直接沿用或修正 Pine 和 Gilmore（1998）对体验类型的四分类法（如 Jeong et al.，2009；Simon，2010）。②基于心理学模组对体验维度进行划分。在 Rose 等（2011）构建的概念模型中，在线消费者体验则包括认知体验和情感体验。陈博和金永生（2013）在借鉴前人研究成果的基础上，将网络购物体验定义为顾客在使用网站进行购物时的消费体验，也就是指由于网站相关的刺激物（例如商品、页面设计、声音等）引起的顾客的主观、内在的反应以及行为的反应，包括感官、情感、思考、行动和关联五个方面的反应。刘岚和王霞（2013）选取 B2C 网上商城作为研究对象，得出一套用户体验指标体系。苏倩（2011）以改善中国 C2C 电子商务网站的用户体验为目的，提出了国内 C2C 网站的用户体验度量指标模型。总体而言，我国学者现阶段的研究也大多集中在关于体验概念、内涵的阐释以及体验营销的实施策略探讨，属于理念建构和策略组合的研究层面，而对于在线购物体验营销作为商业模式运行的内在机理及其实现路径缺乏系统的研究。本研究借鉴前任研究成果，将在线购物体验维度划分为认知体验和情感体验两个维度，用于理论模型的构建中。

7.2.3 在线零售商营销道德与在线购物体验的关系

根据心理学的 S-O-R（刺激—有机体—反应）模型理论，在线购物环境下消费者会对在线零售商营销道德行为刺激产生情感反应及认知，从而影响到购买行为。顾客接触零售网站之后，会产生对零售网站的体验感受，主要包括信任态度和情感反应。消费者对网站的不信任已经成为网络交易的主要障碍。当面对一个道德性在线购买环境时，消费者感知网站在商业交易中是值得信任的（Yang et al.，2009）。一些研究表明，安全政策、隐私和订单履行、系统保证、结构保证（如消费者感知网站环境的安全性）显著影响到消费者对在线零售商的信任（Lauer and Deng，2007；Bart et al.，2005；McKnight et al.，2002；Teo and Liu，2007）。如果零售商有意泄露消费者信息，可能会引起在线消费者的担忧并导致负面的道德行为感知。安全涉及消费者感知的在线交易的安全性以及个人财务信息的保护（Roman，2007）。消费者认为网络支付不总是安全的，可能被拦截。这降低了消费者的信任水平，阻碍了消费者提供个人信息和做出在线购买决策（Mukherjee and Nath，2007）。Flavia'n 和 Guinaly'u（2006）证实，网络信任被顾客关于隐私数据处理的感知安全所影响。体验营销活动中，利润和商品需求的满足不是商业的唯一目的，公平竞争和社会责任对公司的生存同样重要。公平竞争（比如不抄袭竞争对手的界面设计）有利于为在线零售商赢得消费者的尊重和好感。Cyr（2008）具体分析了 B2C 电子商务网站用户界面设计因子（如信息设计、导航设计、视觉设计）对顾客满意与信任有影响。同时，企业在从事体验营销活动时，要关注其营销活动的社会影响，通过社会责任活动的履行带给顾客好感和信任。另外，在线购物体验不仅产生功能型价值，也会产生享乐型价值（Chiu et al.，2009）。愉悦/好玩被视为消费者在线商店态度的重要维度（Liu et. al.，2000；Koufaris et al.，2002）。相比直接作用于感官的实体环境体验，网络体验营销采用界面方式代替了真实环境中的直接体验。对在线零售商而言，挑战在于通过电子环境的展示使顾客参与和激发他们创造一个令人难忘、无与伦比的体验。Hassaneln 等（2007）认为，网络营销者应通过相关的文本和图片设计来提高社会性远距临场感，进而正向影响消费者的感知有用性、信任以及购物愉悦感，以使消费者形成更加积极的态度。总之，在线零售商营销道德行为为在线购物者提供了关于隐私保护、安全可靠、诚信经营、公平竞争和社会责任履行等方面的丰富信息。在这些信息的利好刺激下，顾客更易产生积极的购物体验。基于上述分析，本研究提出如下假设：

H7-1：积极的在线零售商营销道德行为对顾客的认知体验有正向影响。

H7-1a：隐私保护对顾客的认知体验有正向影响。

H7-1b：安全可靠对顾客的认知体验有正向影响。

H7-1c：诚信经营对顾客的认知体验有正向影响。

H7-1d：公平竞争对顾客的认知体验有正向影响。

H7-1e：社会责任履行对顾客的认知体验有正向影响。

H7-2：积极的在线零售商营销道德行为对顾客的情感体验有正向影响。

H7-2a：隐私保护对顾客的情感体验有正向影响。

H7-2b：安全可靠对顾客的情感体验有正向影响。

H7-2c：诚信可靠对顾客的情感体验有正向影响。

H7-2d：公平竞争对顾客的情感体验有正向影响。

H7-2e：社会责任履行对顾客的情感体验有正向影响。

7.2.4 在线零售商营销道德与顾客行为倾向的关系

零售商营销道德与顾客行为倾向的关系可用社会契约和公平理论解释。基于社会契约理论，在线购买情境中个人信息的交换反映了在线零售商与消费者之间的直接社会契约。当消费者提供信息给在线零售商时，这种契约关系就发生，并且，零售商依次提供道德性交易环境给消费者。根据公平理论，如果一方（消费者）感知另一方不公平地获利（如在线零售商欺诈性地销售产品），受损一方就将这种情况视为不公平，并尝试着恢复平衡。在这种情况下，消费者就会出现负面口碑传播、抱怨公司、未来不从该处购买（Ingram et al.，2005）。道德活动被视为公平形成的投资。如果消费者感知到他们是被在线零售商公平对待的，公平感知就会增加（Alexander，2002）。这又会促使消费者产生在线购买欲望，并进行积极口碑传播。现有研究也具体分析了在线零售商道德个别维度对顾客行为的影响。Singh 和 Hill（2003）发现，消费者关于网络使用和在线行为的观点在总体上受到他们关于隐私的看法以及他们如何看待政府和公司在保护消费者隐私的角色的影响。Pan 和 Zinkhan（2006）表示，隐私政策影响到购物者对在线商店的信任，并且因此影响到消费者惠顾。其他研究发现，隐私、安全关注影响消费者从在线零售商处的购买意愿（Adam et al.，2007）、网络口碑传播（Roman and Cuestas，2008）、对在线零售商的忠诚（Limbu et al.，2011）。Roman（2010）的研究发现，感知欺诈对消费者满意和忠诚意图有强烈的负面影响。另外，诚信作为道德资本的核心内容，对维持交易关系和客户关系影响显著（刘思强等，2013）。公平竞争是正义与进步的商业道德基本规范，企业社会责任是企业致力于消费者伦理与社会公共利益的行为。研究也表明，公平是维持和发展交易关系的基础（Luo，2007），企业社会责任影响消费者的购买意向（谢佩洪和周祖城，2009）。综述所述，本研究提出如下假设：

H7-3：积极的在线零售商营销道德行为对顾客行为倾向有正向影响。

H7-3a：隐私保护对顾客行为倾向有正向影响。

H7-3b：安全可靠对顾客行为倾向有正向影响。

H7-3c：诚信经营对顾客行为倾向有正向影响。

H7-3d：公平竞争对顾客行为倾向有正向影响。

H7-3e：社会责任履行对顾客行为倾向有正向影响。

7.2.5　在线购物体验与顾客行为倾向的关系

根据"认知→情感→行为"理论，消费者购物体验的情感反应是建立在对在线零售商营销道德认知和评价的基础之上的。当消费者对某个网店产生信任后，就会再次浏览网店和购买产品，甚至向他人推荐该网店，引发积极口碑效应。在线零售情境中消费者首先是一个购物网站的浏览者。购物网站的营销道德信息刺激经感知后才会引发消费者的理性思考和感性情绪，使其产生特定体验，最终影响其购物行为。尽管在一个安全的网络环境中，消费者仍可能终止购物流程，因为先前的在线购物体验影响到消费者的购买行为意图（Jarvelainen，2007）。McWilliams 等（2006）的研究认为，消费体验的实现程度会影响消费者的消费后评估，好的消费体验会产生积极口碑推荐，负面消费体验则使重购者减少。Smith 和 Sivakumar（2004）研究又表明，不同强度和不同持续时间的心流体验对消费者的一次购买或重复购买有一定影响。综上所述，本研究提出了如下假设：

H7-4：顾客对在线零售商的认知体验与情感体验正向相关。

H7-5：顾客对在线零售商的认知体验与顾客行为倾向正向相关。

H7-6：顾客对在线零售商的情感体验与顾客行为倾向正向相关。

根据相关文献回顾和理论分析，本章提出消费者经由"在线零售商营销道德的感知"形成"在线体验"，进而影响"行为忠诚"的基本理论逻辑，并建构起研究模型（见图7-1）。该模型高度契合了在线零售中以消费者为中心的精神内涵和运作理念。

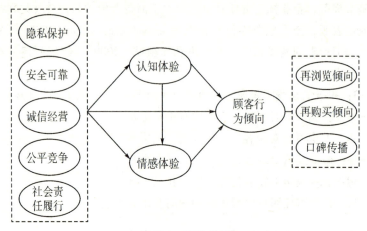

图 7-1　研究模型

7.3　研究设计

7.3.1　变量测量

本研究主要涉及在线零售商营销道德五维度（隐私保护、安全可靠、诚信经营、公平竞争、社会责任履行）以及在线购物体验两维度（认知体验、情感体验）、顾客行为倾向等基本变量的测量。所有测量指标参考了现有文献，并结合消费者和专家访谈进行补充和完善。最终设计了 41 个测量题项，测项的衡量采用 Likert 7 级量表。

7.3.2　数据收集

选择在上海、南昌、长沙、武汉、济南等城市的购物中心、广场、公园和高校内随机发放调查问卷。共发放问卷 472 份，扣除无网上购物经历及填答不完整问卷，回收有效问卷 422 份，有效回收率为 89.4%。样本与现有网购群体特征较为相似，基本满足研究要求。

7.4 数据分析和假设检验

7.4.1 信度与效度分析

本研究采用 Cronbach's α 系数和组合信度来评估研究模型中所有潜变量的信度。表 7-1 显示，各个变量的 Cronbach's α 系数均超过 0.7，组合信度均超过 0.8，说明变量测量有较好信度。

表 7-1 信度分析

潜在变量	测项数目	Cronbach's α	组合信度
隐私保护	6	0.868	0.890
安全可靠	9	0.822	0.912
公平竞争	5	0.779	0.874
诚信经营	7	0.836	0.891
社会责任履行	4	0.763	0.833
认知体验	4	0.803	0.855
情感体验	3	0.725	0.807
顾客行为倾向	3	0.814	0.828

本研究的调查问卷是借鉴前人文献以及结合访谈研究修正形成的，从而保证了问卷有良好的内容效度。采用 AMOS18.0 软件进行验证性因子分析，表 7-2 显示，各题项在相应潜变量上的标准化载荷均在 0.6 以上，并且在 p < 0.001 情况下显著。这表明，问卷的收敛效度较好。

表 7-3 显示，八个潜变量平均抽取方差量（AVE）的均方根均大于该潜变量与其他潜变量之间的相关系数。因此，问卷有较好的区别效度。

表 7-2   效度分析

研究变量	测项	标准化载荷	研究变量	测项	标准化载荷
隐私保护	非法收集个人信息 非法使用个人信息 非法出售个人信息 无隐私保护声明 非法泄露和传播个人信息 垃圾邮件泛滥	0.726 *** 0.751 *** 0.795 *** 0.802 *** 0.763 *** 0.709 ***	诚信经营	虚假广告宣传 描述产品不真实 产品与订购不一致 提供假冒伪劣商品 违规"刷"信誉度 虚构交易记录和评价误导消费者 不兑现促销承诺或服务承诺	0.797 *** 0.803 *** 0.668 *** 0.752 *** 0.746 *** 0.649 *** 0.718 ***
安全可靠	商品发货、交货延迟 配送中产品损坏或丢失 支付方式不安全 售后服务不周到 投诉回应难 系统没有安全保证 商品信息描述不够详细 缺乏信用保障 退货不退款或退款不及时	0.728 *** 0.717 *** 0.731 *** 0.622 *** 0.786 *** 0.821 *** 0.778 *** 0.743 *** 0.655 ***	社会责任履行	网站流量和效益不好 不积极参加公益事业 不重视绿色营销及环保 缺乏复合型电子商务人才	0.778 *** 0.762 *** 0.625 *** 0.807 ***
			认知体验	该网站是值得信赖的 该网站能提供好的购物服务 该购物网站有强烈吸引力 在该网站购物是十分值得的	0.715 *** 0.806 *** 0.823 *** 0.739 ***
公平竞争	模仿或抄袭对手界面设计 贬低竞争对手 恶意价格竞争 窃取知识产权和商业机密 在竞争者网页上恶意差评	0.827 *** 0.771 *** 0.766 *** 0.739 *** 0.708 ***	情感体验	愉悦的 自在的 兴奋的	0.723 *** 0.801 *** 0.763 ***
			顾客行为倾向	再浏览倾向 再购买倾向 口碑推荐	0.745 *** 0.816 *** 0.792 ***

注：*** 代表 p<0.001。

表 7-3   AVE 的均方根和维度间相关系数

	1	2	3	4	5	6	7	8
隐私保护	0.758[b]							
安全可靠	0.363	0.733[b]						
公平竞争	0.405	0.437	0.763[b]					
诚信经营	0.274	0.351	0.376	0.735[b]				
社会责任履行	0.317	0.216	0.408	0.439	0.746[b]			
认知体验	0.329	0.452	0.426	0.338	0.527	0.772[b]		
情感体验	0.278	0.379	0.365	0.297	0.478	0.534	0.763[b]	
顾客行为倾向	0.366	0.392	0.407	0.351	0.556	0.488	0.582	0.785[b]

注：b 表示 AVE 的均方根。

7.4.2 假设检验

运用结构方程模型对研究模型和假设进行检验，拟合优度指数分析结果显示：$x2/df = 2.24 < 3$，NFI（0.877）、NNFI（0.918）、CFI（0.926）、IFI（0.922）、GFI（0.858）均接近或大于 0.9，RMSEA（0.066）小于 0.08。可见，该模型与数据有较好的拟合度，模型的设定是可以接受的，研究假设的

验证结果见表7-4。其中，H7-1e、H7-2d、H7-3d、H7-3e没获得支持，其余假设均通过验证。

表7-4 假设检验结果

假设	路径关系	标准化路径系数	T值	结论
H7-1a	隐私保护→认知体验	0.124*	2.157	支持
H7-1b	安全可靠→认知体验	0.183**	2.726	支持
H7-1c	诚信经营→认知体验	0.209**	3.364	支持
H7-1d	公平竞争→认知体验	0.116*	2.058	支持
H7-1e	社会责任履行→认知体验	−0.005	−0.486	不支持
H7-2a	隐私保护→情感体验	0.158*	2.338	支持
H7-2b	安全可靠→情感体验	0.259**	4.472	支持
H7-2c	诚信经营→情感体验	0.306***	5.515	支持
H7-2d	公平竞争→情感体验	−0.107	−1.292	不支持
H7-2e	社会责任履行→情感体验	0.169**	3.166	支持
H7-3a	隐私保护→顾客行为倾向	0.128*	2.169	支持
H7-3b	安全可靠→顾客行为倾向	0.144*	2.295	支持
H7-3c	诚信经营→顾客行为倾向	0.373***	6.262	支持
H7-3d	公平竞争→顾客行为倾向	0.076	1.357	不支持
H7-3e	社会责任履行→顾客行为倾向	0.018	0.192	不支持
H7-4	认知体验→情感体验	0.215**	3.623	支持
H7-5	认知体验→顾客行为倾向	0.302***	5.063	支持
H7-6	情感体验→顾客行为倾向	0.566***	7.738	支持

注：*代表 $p < 0.05$；**代表 $p < 0.01$；***代表 $p < 0.001$。

7.4.3 中介效应检验

根据温忠麟等（2004）提出的中介效应检验方法，对认知体验和情感体验的中介效应显著与否进行检验。

（1）认知体验的中介效应检验。第一步做隐私保护、安全可靠、诚信经营、公平竞争、社会责任履行对顾客行为倾向的回归（方程1），结果发现仅隐私保护、安全可靠、诚信经营的显著性得到了证明；第二步做隐私保护、安全可靠、诚信经营、公平竞争、社会责任履行对认知体验的回归（方程2），结果发现仅隐私保护、安全可靠、诚信经营、公平竞争的显著性得到了证明；第三步做隐私保护、安全可靠、诚信经营、公平竞争、社会责任履行、认知体验对顾客行为倾向的回归（方程3），结果发现认知体验对顾客行为倾向的标准化系数显著，安全可靠、诚信经营对顾客行为倾向的标准化系数依然显著，但隐私保护、公平竞争、社会责任履行对顾客行为倾向的标准化系数不显著。可见，认知体验在在线零售商营销道德与顾客行为倾向中发挥了中介效应，其中，认知体验在隐私保护与顾客行为倾向中发挥了完全中介效应，而在安全可靠、诚信经营与顾客行为倾向中发挥了部分中介效应。详见表7-5。

表7-5　　　　　　　　　　认知体验的中介效应检验结果

	方程1	方程2	方程3
	顾客行为倾向	认知体验	顾客行为倾向
认知体验			0.458^{***}
隐私保护	0.173^{*}	0.317^{***}	0.084（n. s）
安全可靠	0.218^{**}	0.242^{**}	0.166^{**}
诚信经营	0.454^{***}	0.135^{**}	0.372^{***}
公平竞争	0.093（n. s）	0.186^{*}	−0.033（n. s）
社会责任履行	0.048（n. s）	−0.067（n. s）	0.102（n. s）
F	78.355	66.745	87.126
ad-R^2	0.718	0.658	0.692

注：* 代表 $p<0.05$；** 代表 $p<0.01$；*** 代表 $p<0.001$；n. s 表示在 0.05 水平上不显著。

（2）情感体验的中介效应检验。第一步做隐私保护、安全可靠、诚信经营、公平竞争、社会责任履行对顾客行为倾向的回归（方程4），结果发现隐私保护、安全可靠、诚信经营的显著性得到了证明；第二步做隐私保护、安全可靠、诚信经营、公平竞争、社会责任履行对情感体验的回归（方程5），结果发现仅隐私保护、安全可靠、诚信经营、社会责任履行的显著性得到了支持；第三步做隐私保护、安全可靠、诚信经营、公平竞争、社会责任履行、情感体验对顾客行为倾向的回归（方程6），结果发现情感体验对顾客行为倾向的标准化系数显著，隐私保护、诚信经营、公平竞争对顾客行为倾向的标准化系数依然显著，但安全可靠、社会责任履行对顾客行为倾向的标准化系数不显著。可见，情感体验在在线零售商营销道德与顾客行为倾向中发挥了中介效应，其中，情感体验在安全可靠与顾客行为倾向中发挥了完全中介效应，而在隐私保护、诚信经营与顾客行为倾向中发挥了部分中介效应。详见表7-6。

表7-6　　　　　　　　情感体验的中介效应检验结果

	方程4	方程5	方程6
	顾客行为倾向	情感体验	顾客行为倾向
情感体验			0.525 ***
隐私保护	0.173 *	0.204 **	0.229 **
安全可靠	0.218 **	0.178 *	0.043（n. s）
诚信经营	0.454 ***	0.377 ***	0.365 ***
公平竞争	0.093（n. s）	−0.066（n. s）	0.188 *
社会责任履行	0.048（n. s）	0.226 **	−0.076（n. s）
F	78. 355	82. 412	98. 615
ad−R^2	0. 718	0. 797	0. 662

注：* 代表 $p<0.05$；** 代表 $p<0.01$；*** 代表 $p<0.001$；n. s 表示在 0.05 水平上不显著。

7.5　结论和讨论

7.5.1　研究结论

本研究从在线购物体验的视角构建并实证分析了在线零售商营销道德对顾客行为倾向的影响模型。结果表明，在线零售商营销道德五个维度通过在线购物体验的中介作用对顾客行为倾向产生影响。其中，隐私保护、安全可靠、诚信经营、公平竞争维度对顾客的认知体验有积极影响，隐私保护、安全可靠、诚信经营、社会责任履行维度对顾客的情感体验有积极影响，隐私保护、安全可靠、诚信经营对顾客行为倾向有积极影响，认知体验对情感体验有积极影响，认知体验、情感体验对顾客行为倾向均有积极影响，但情感体验的影响更大。进一步基于中介效应的检验程序发现，认知体验和情感体验在在线零售商营销道德与顾客行为倾向中发挥了中介效应。认知体验在隐私保护与顾客行为倾向中发挥了完全中介效应，而在安全可靠、诚信经营与顾客行为倾向中发挥了部分中介效应；情感体验在安全可靠与顾客行为倾向中发挥了完全中介效应，而在隐私保护、诚信经营与顾客行为倾向中发挥部分中介效应。本研究不仅证明了心理学中的"认知→情感→行为"路径理论在在线零售情境中的适用性，扩展了在线零售商营销道德的理论机制，而且对在线零售商通过制定科学合理的道德营销策略激发顾客的在线购物体验及积极行为倾向也有重要管理建议。

7.5.2 管理建议

（1）在线零售商应加强对消费者的隐私保护以及诚信经营，确保网络购物安全可靠。就这要求在线零售商不能非法收集和使用消费者的个人信息，不能将消费者的个人信息出售给其他商家，并向消费者频繁发送垃圾邮件。同时，在线零售商应通过网络安全技术创新保证在线购物和交易系统的安全性，确保消费者的账号安全。网络界面对商品信息的描述要详细，并附有隐私保护申明。确保商品及时发货和交货，降低配送中的产品损坏或丢失。交易后，及时处理退货申请，对消费者的投诉应积极回应和处理。另外，在线零售商应始终坚持诚实经营和公平交易，不销售假冒伪劣产品，不搞虚假广告宣传欺骗消费者，不虚构交易记录和评论误导消费者，切实履行促销承诺和服务承诺。

（2）在线零售商应坚持公平竞争和积极履行社会责任。在线零售商不能为了短期利益而故意侵害竞争对手和行业整体利益，比如随意模仿或抄袭竞争对手的界面设计，发起恶意价格竞争，在竞争对手的网页上进行恶意差评，贬低竞争对手，窃取竞争对手的知识产权和商业机密等。并且，在线零售商应强化社会责任意识和积极履行社会责任行为。在制定战略规划时，应从经营观念和行为上摒弃唯利是图的思路，明确在线零售企业履行社会责任的目标和方向，加强对管理者的培训，增强高管的社会责任意识，建立严格的在线零售商社会责任实施和评价体系，在思想与行动上促进企业真正承担和履行社会责任。在开展营销工作时，在线零售商应了解所在行业的社会责任主题，设计出适合目标顾客群的社会责任营销活动，并积极承担经济责任、员工责任、环境责任和慈善责任。其中，应加大电子商务人才培育力度，为员工提供良好的工作环境、待遇和发展平台，满足员工需求；加大电子商务业务内容和盈利模式的创新力度，吸引更多社会劳动力就业；积极推进在线绿色消费和绿色营销，降低对环境的破坏；设立企业社会责任部门，制订年度社会责任计划，积极参加公益活动。另外，还应发挥政府的监督和激励作用，建立健全在线零售市场企业社会责任方面的法律体系，加强对在线零售企业经营者的社会责任教育，积极引导企业转变经营理念和规范行为。

（3）推进在线零售体验营销活动，强化顾客的情感体验。在线零售店铺应进行人性化的界面设计，通过颜色、形状、字体、图像等要素的整合运用，给顾客产生强烈视觉冲击力，从而提高顾客在线浏览的兴奋感。在线零售店铺应将购物操作流程简单化、便捷化，减少顾客在线购买的难度和心理障碍。通过在零售网站上增加音乐、动画、录音与录像片断、网站链接、聊天室等内容，为消费者提供交流空间；介绍产品使用方法和评论，让顾客在娱乐体验中得到满足，增加购物乐趣。另外，顾客在线购物过程中，情感体验的高低很大程度上取决于客服质量。应大力培养具有专业知识和良好销售技巧的在线客服，及时准确回复消费者的疑问，帮助犹豫不决的消费者选择合适商品，促使交易完成，培育顾客忠诚度。

7.5.3　研究局限和进一步研究方向

本研究仍存在一些局限。首先只选择了 B2C 在线零售商作为研究对象，未来还应调查更多其他类型的在线零售企业，如 C2C、B2B，并分析本研究模型的适用性。其次，只从在线购物体验的视角探讨了在线零售商营销道德对顾客行为倾向的影响，未来的研究还应考虑更多消费者特征、组织特征和市场特征变量的中介作用和调节作用。

8 在线零售商营销道德行为与消费者购买意愿——个体特征和服务质量的调节

尽管上述章节针对在线零售商营销道德行为与消费者响应的关系进行了理论和实证探讨，但是这些研究并没有明确在线零售商营销道德行为与消费者响应的边界和条件，即在线零售商营销道德行为与消费者购买意愿之间的调节变量及机制需要进一步分析。因此，本章主要基于实验法分析消费者个体特征变量和服务质量变量对在线零售商营销道德行为与消费者购买意愿关系的调节效应，从而明确在线零售商营销道德行为影响效应的边界和条件，为在线零售商营销道德治理提供进一步的管理建议和启示。

8.1 问题的提出

营销道德理论经过半个多世纪的发展，理论文献已相当丰富，并且随着电子商务和网络经济的发展又表现出新的现象和影响。与在线购物相关的道德问题关注正在增加（Cheng et al.，2014）。在线零售快速发展的同时，也带来了许多伦理道德和社会问题（张国宝，2009）。因此，将营销和消费者服务转移到网络上面临巨大挑战，包括道德问题的出现和由此导致的负面消费者反应（Wirtz et al.，2007）。由于消费者是商业活动中的主要参与者，如果不考虑消费者的观点，对营销道德的了解将不够完整（AI-Khatib et al.，1997）。消费者是评价在线零售商营销行为是否道德并抵制营销道德失范行为的重要市场力量。从这个角度看，企业营销行为道德与否，理应得到消费者认可。所以，在线零售商制定营销决策时应充分考虑消费者的感受和意见，以制定出符合消费者道德要求的营销决策。这就要求在线零售商明确消费者评价企业营销道德的角度，了解消费者对营销道德行为的响应。在相关研究方面，早期关于消费者视角的在线零售商营销道德研究多数是概念性的（Maury and Kleiner，2002；Stead and Gilbert，2001），直到后来才开始对在线零售商营销道德的测量（Roman，2007；阎俊和陈丽瑞，2008）及其对消费者行为的影响机理（Roman and Cuestas，2008；Yang et al.，2009；Limbu et al.，2011）进行分析。尽管针对在线零售商营销道德行为与消费者响应关系的研究得出了许多有价值的结论，但这些研究对两者关系的解释仍不充分，尤其是为什么不同的消费者会对在线零售商营销道德活动产生不同的购买意愿还没有得到深入分析。

在线零售商营销道德与实体零售商营销道德在内容和表现上有一定差异性。相比面对面的交易，道德犯错更可能发生在电子交易中（Citera et al.，2005）。在线零售本质上不能提供高信任度的沟通环境（Grewal et al.，2004），消费者会更难区别在线零售商的好坏。网络购物环境下广泛的零售商选择以及不稳定的消费者行为，使在线零售商难以保留住顾客，创造在线顾客忠诚更加困难和成本更高（Anderson et al.，2003）。以往研究认为，顾客信任、顾客满意、感知安全感、网站形象、商家信誉、交货及时性、产品质量及网络服务质量等因素都会直接或间接地影响消费者在线购买决策（Reichheld and Schefter，2000；常亚平等，2009）。现实中消费者的在线购买决策还会受交易过程中在线零售商的营销道德水平的影响，比如隐私保护、交易安全、订单履行等。但多数在线零售商没有意识到消费者购买商品是为了获得满意的商品和周到的服务。他们不仅要提供顾客所需要的产品，更多的是提供一种服务（何其帼和廖文欣，2012）。然而，在线零售商服务质量对创造和提升在线购买决策的影响缺乏实证数据的支持，而且实现这种影响的作用机制也需要深入研究。另外，消费者的个体特征因素在信息技术和接受在线服务中发挥着重要作用。最近有研究关注个体差异对于在线顾客忠诚的影响（Sanchez－Franco et al.，2009；Lu and Lee，2010）。那么，消费者的个体特征因素、在线零售商服务质量是否都对消费者购买意愿产生影响？影响程度是否存在显著差异？这些都是值得去探讨的新问题。由于消费者个体有丰富的态度、情感和行为反应，有必要提出一个更全面、深刻的研究框架分析在线零售商营销道德与消费者行为的复杂关系。如考虑消费者性别、个人价值或网络购买经验等个体特征因素对在线零售商道德与消费者网络商店态度和行为意图的调节影响（Garbarino and Strahilevit，2004；Schiffman et al.，2003；Bart et al.，2005），并且基于网站特征分析在线零售商营销道德对消费者行为的差异化影响（Roman，2007）。因此，本研究将构建一个基于在线零售商营销道德行为与消费者购买意愿的研究框架，并实证检验消费者信任、消费者支持、消费者网络专长三个消费者个体特征因素和在线零售商服务质量对这种关系的调节效应，从而揭示不同个体差异和服务质量差异条件下在线零售商营销道德行为对消费者购买意愿的影响，进一步明确对在线零售商营销道德行为持有不同信念、支持度和经验的消费者的购买意愿是否存在差异。因此，本研究通过进一步理清在线零售商营销道德影响消费者购买意愿的边界和条件，有利于为在线零售商营销道德行为的有效治理提供借鉴和参考。

本章的内容结构安排如下：首先，回顾在线零售商营销道德及其对消费者行为的影响，然后基于文献回顾和理论分析构建在线零售商营销道德行为与消费者购买意愿关系的调节机制模型和研究假设；其次，运用情景模拟实验法检验和分析消费者个体特征变量和服务质量的调节效应；最后对研究结果进行讨论，提出一些重要的建议，并对本研究的局限性以及进一步研究方向进行探讨。

8.2　文献回顾和研究假设

8.2.1　在线零售商营销道德的内涵与结构

随着电子商务的迅速增长，营销道德问题日益渗透到在线购买情境中，并突破了传统道德规范，表现出新的形式。在线零售商营销道德的相关研究主要从企业认知和消费者感知两个视角展开。从企业认知视角出发，Radin 等（2007）的研究认为，安全、隐私、无标签网络广告、面向未成年人的在线营销、域名抢注、制造商与中间商的在线竞争等是电子商务发展中遇到的主要道德问题。Schlegelmilch 等（2010）则认为，隐私、身份盗用、网络钓鱼是网络中容易发生的主要道德问题。但这些研究主要停留在理论探讨层面，所涉及的道德内容也较为宽泛。由于消费者是在线零售商营销决策时所考虑的最重要利益相关者，也是推动营销道德建设的重要动力，因此，消费者视角的在线零售商营销道德研究获得了普遍关注。Roman（2007）不仅将在线零售商道德定义为消费者对在线零售商诚信和责任的感知，而且证明了安全性、隐私保护、无欺骗性、履行/可靠性是消费者对在线零售商道德感知的主要维度。Nardal 和 Sahin（2011）在土耳其市场对 Roman 的在线零售商道德量表又重新做了验证。Bush 等（2000）的调查表明，美国消费者评价网络企业营销道德的维度主要包括交易安全、网站非法行为、隐私保护、网络信息真实性。Miyazaki 和 Fernandez（2001）发现在线消费者对隐私保护、系统安全、欺诈行为这三个方面的道德问题比较敏感。Ranganathan 和 Ganapathy（2002）则认为，在线消费者较为重视 B2C 网站在网站设计、信息内容、安全性、隐私权这四个方面的道德表现，并且最为关注安全性和隐私权。Cheng 等（2014）基于交易过程的角度构建了电子商务网站道德模型。该模型表明，消费者主要从销售行为、安全、隐私、可靠性、服务补救五个方面感知和评价电子商务企业的道德水平。阎俊和陈丽瑞（2008）基于中国在线情境的研究显示，消费者对 B2C 网站营销道德的评价维度包括交易结果的可靠性、交易过程的安全性、促销的诚信性、竞争的公平性、广告的适度性五个维度。蒋侃（2012）基于文献研究法，从交易过程安全性、隐私保护、交易可靠性、公平、非欺骗性五个方面对在线零售商营销道德结构维度进行了归纳，但研究还缺乏实证的强力支持。

总体而言，国内外学界至今对在线零售商营销道德测量内容还没形成一致认识。根据营销道德标准分析的三种理论基础：显要义务理论、相称理论和社会公正理论，社会责任因子被视作一个重要的传统实体企业营销道德维度（甘碧群和曾伏娥，2006）。随着时代变迁，人们对营销道德规范和标准的认知也会发生变化。现有零售道德标准的研究突破了原有的界限和范畴，涉及绿色零售消费感知、零售企业社会责任以及零售销售人员对道德的感知等（Stanaland et al.，2011；Nygaard and Biong，2010）。同时，在实践中，部分大型在线零售企业也开始关注发起和实施社会责任活动，其中，阿里巴巴率先成立了社会责任部门，积极发布互联网企业社会责任报告，促进互联网企业开展社会责任行动。然而，现有研究却忽略了对在线零售商社会责任道德维度的考量，忽略了对在线零售商实现社会利益的满足。因此，基于上述的文献回顾以及互联网领域企业社会责任实践的启示，我们又针对电子商务企业的高管和消费者做了进一步的访谈研究。结果发现我国 B2C 情境中在线零售商营销道德行为主要由隐私保护、安全可靠、诚信经营、公平竞争、社会责任履行五个方面构成。因此，本章的后续研究将从这些方面设计在线零售商营销道德的实验场景，深入探讨在线零售商营销道德行为对消费者购买意愿的影响过程及调节效应。

8.2.2 在线零售商营销道德行为对消费者购买意愿的影响

消费者作为网络经济生活中的核心主体，具有"经济人"的特性，其在线消费决策又表现出一定的"经济理性"。在线零售商营销道德行为刺激作为外因影响到消费者在线购买决策变化的重要前提是触发消费者的经济理性。因此，如果在线零售商积极实施营销道德行为，为消费者创造了利益或者让消费者主观上感觉到在线零售商正在向自己让渡利益，那么，消费者便会对在线零售商营销道德产生积极的购买意愿。基于公平理论，如果消费者感知到在线零售商是非法违德获利的（如欺诈销售），利益受损的消费者就将这种情况视为不公平，并尝试着恢复平衡。于是，消费者就会出现负面口碑传播、抱怨公司或者未来不再购买（Ingram et al.，2005）。所以，道德活动可看作公平形成的一种投资。如果消费者感知到在线零售商是有道德的，公平感就会增加，进而促进积极在线购买行为的发生。同时，社会契约理论又表明，当消费者提供个人信息给营销者时，一个隐含的社会契约就产生了。在线零售中交换个人信息可被理解为在线零售商和消费者之间的直接社会契约，并且当消费者提供个人信息给在线零售商时，在线零售商依次为消费者提供道德性网络交易环境（如安全保证、隐私保护等）。这意味着消费者对在线零售商的道德评价会影响到其购买意愿。另外，在具体研究上，学界也从总体层面和维度层面对在线零售商营销道德与消费者行为的关系进行了探讨。其中，Limbu 等（2011）、Arjoon 等（2012）的研究表明在线零售商道德与消费者忠诚有积极关系。在线零售商道德不仅对口碑推荐有积极影响（Roman and Cuestas，2008），而且通过消费者认同对口碑推荐产生间接作用（蒋侃，2012）。Limbu 等（2012）的研究认为，消费者态度和信任中介了感知道德对行为意图的影响。另外，还有研究具体分析了在线零售商营销道德个别维度的影响效应。如 Adam 等（2007）研究认为，隐私和安全影响消费者在线购买意愿。Roman（2010）的研究也发现，在线零售商欺诈对消费者满意和忠诚意图有消极影响。基于上述分析，本研究提出如下假设：

H8-1：在线零售商积极承担和履行营销道德行为对消费者购买意愿有正向影响。

8.2.3 消费者信任和消费者支持的调节作用

消费者的人格特质非常复杂，消费者不完全是"经济人"，更多地表现出"社会人"特性。因此，消费者在线决策过程中又存在着大量非理性行为。基于这一观点，是否能迎合消费者的自我概念是在线零售商营销道德行为对消费者决策产生影响的关键条件。即消费者的价值取向和在线零售商营销道德行为所传达的企业价值观相符，才能有效促进消费者的在线购买意愿被激发。并且，消费者从响应在线零售商营销道德的购买行为中获得了自我概念被认同以及自我价值被实现的满足感。其中，消费者信任和消费者支持就体现了消费者的自我概念和自我价值观。在过往研究中，Sen 和 Bhattaeharya（2001）证明了企业社会责任对消费者购买行为的影响受到一定条件的限制，即受到消费者对企业社会责任与企业能力的信任程度（简称"消费者信任"）、消费者对企业社会责任行为的支持程度（简称"消费者支持"）的调节。Hiller（2010）的研究也认为消费者道德感知依赖于产品标准、个人价值体系的影响。并且，由于营销道德本质上属于社会责任中的道德责任类型和范畴，因此，本研究将进一步分析反映消费者个人价值体系的"消费者信任""消费者支持"变量在在线零售商营销道德行为效应中的调节机制。在本研究中，消费者信任是指消费者对在线零售商营销道德行为与在线零售企业能力的信任程度，即关于在线零售商营销道德行为与企业能力两者之间是此消彼长还是相辅相成关系的信念和看法；消费者支持是指消费者对在线零售商营销道德行为的支持程度。消费者对在线零售商的营销道德努力的响应取决于消费者在多大程度上相信在线零售商的这种付出是在加强而不是在减弱企业能力的发展。如果消费者认为两者是双赢关系而非交换关系，则对从事营销道德活动的在线零售商的反应更加积极，表现出更高的评价和购买意愿。因为对那些持有交换关系信念的消费者而言，在线零售商履行营销道德就是在浪费那些可以用来提升企业能力的有限资源，从而降低了在线零售商提供更好服务的能力；而对持有双赢关系信念的消费者而言，积极履行营销道德有助于在线零售商获得更高的企业能力，从而为消费者提供更好的服务。并且，在线零售营销活动中，消费者会重视所感知到的在线零售商营销道德行为与其自身的关联。基于社会认同理论，消费者特征和公司特征的一致性感知可能随着消费者对在线零售商营销道德的支持程度而变化。相比那些低支持的消费者，拥有高营销道德支持的自我概念的消费者将感知到他们自己和在线零售商之间有更多的一致性。更普遍的是，组织认同至少有一部分是由于人们需要维持一个一致的、积极的自我形象而被激发的。因此，消费者更可能认同那些他们自己支持的付出营销道德努力的在线零售商，从而表现出更强的购买意愿。基于上述分析，本研究提出如下假设：

H8-2：消费者信任对在线零售商营销道德行为与消费者购买意向的关系有调节作用。高信任的消费者进行在线购买时，对在线零售商是否履行营销道德行为更加敏感。

H8-3：消费者支持对在线零售商营销道德行为与消费者购买意向的关系有调节作用。高支持的消费者进行在线购买时，对在线零售商是否履行营销道德行为更加敏感。

8.2.4 消费者网络专长的调节作用

基于服务主导逻辑的观点，公司和消费者共同整合他们各自的资源来共创价值（Vargo et al., 2004）。消费者拥有关于他在互联网上购买的产品的专长将决定电子商务体验的价值（Barrutia and Gilsanz, 2003）。消费者处理不同的操作性资源（如知识和技能）与公司资源的整合，目的是共创价值和实现双赢。在线零售情境中，在线零售商营销道德行为是一种公司资源，消费者网络专长是一种消费者资源。当消费者应用他们的网络专长到网站提供的资源（营销道德行为）中时，价值共创就被激发，从而影响到消费者的行为意愿。消费者网络专长涉及消费者的网络知识和经验（Montoya-Weiss et al., 2003）。丰富的网络经验可能使消费者对网络购物更加谨慎（Singh and Hill, 2003）。因此，尽管网络专长增加，消费者可能仍会抵制从在线零售商处购物，除非他们确信道德问题是最小化的。网络经验在理解在线情境中顾客感知、态度和行为是重要的。拥有更多网络经验的顾客比缺乏经验的顾客能更好地利用网站提供物。研究表明，网络经验是网站效果的调节变量（Nysveen and Pedersen, 2004），网络经验和知识调节了网站设计的影响（Szymanski and Hise, 2000）。网购中缺乏身体接触，降低了消费者发现和识别欺诈行为的能力（Ben-Ner and Putterman, 2003）。消费者区分道德和非道德在线零售商更为困难。基于信息不对称理论，经济主体不完全掌握产品或市场的信息，在线零售商比消费者关于交易的相关方面有更多信息。在 B2C 在线零售情境中，信息不对称增加了消费者辨别和判断在线零售商是否道德的难度。因此，在线零售商营销道德的评价需要获取对方的信息和知识，以至于做出有效判断。在信息不对称情境中，消费者网络专长能部分地缓解信息欠缺，有助于消费者对在线零售商营销活动做出正确的道德判断。Forsythe 等（2006）研究发现，在线购物经验的增加会降低消费者的风险关注程度。并且，富有经验的购买者更加理性和聪明，能更容易识别和区分在线零售商的营销行为是否道德。另外，基于理性行为理论，消费经验与情感变量交互影响消费者的行为意图。在同样的顾客满意水平下，网络购物经验丰富的消费者更可能进行重复购买，表现出更高的在线忠诚行为（吴金南和尚慧娟，2014）。网购经验也已被证实会增加购买意图（Chang et al., 2005）。基于上述分析，本研究提出如下假设：

H8-4：消费者网络专长对在线零售商营销道德行为与消费者购买意向的关系有调节作用。高网络专长的消费者进行在线购买时，对在线零售商是否履行营销道德行为更加敏感。

8.2.5 服务质量的调节作用

在线零售商营销道德行为对消费者购买意愿的影响还受到服务特质的作用。服务质量是一个重要影响变量。服务质量感知是出于消费者对相关服务质量属性的一些暗示经过分析后所做出的判断。在线零售商不仅仅是提供顾客所需要的产品，更多的是提供一种服务（何其帼和廖文欣，2012），良好的服务质量能够提升顾客对服务提供者的信任（Hsu，2008）。在线零售服务质量的相关研究集中在电子服务质量领域。电子服务质量是指一个网站能够方便快捷有效地购物、采购、交货的程度（Parasuraman et al.，2005）。它从购前阶段（产品信息、订单信息、个人信息保护等）一直延伸到购后阶段（配送、履行、退货等）。目前，学界主要从服务内容与交互界面两个方面阐述电子服务质量的范畴以及界定电子服务质量的边界，并且各种电子服务质量属性影响到消费者的网站态度。如果消费者感知的公司网站服务质量是高的，积极的网站态度就会产生（Carlson and O'Cass，2010）。Basoglu 等（2014）认为，在线服务平台质量维度（包括易用性、有用性、个性化）直接影响消费者对平台的态度。Elsharnouby 和 Mahrous（2015）的研究也表明，电子服务质量五维度（包括效率、隐私、系统可用性、响应、补偿）影响消费者对网站的态度。另外，国内的邓之宏等（2013）的研究显示，电子服务质量对顾客满意及顾客价值有显著积极影响。根据线索利用理论，消费者会利用线索来作为评价服务质量的依据。在线零售商营销道德行为表现也属于线索的一种。消费者会根据在线零售商的营销道德表现对企业的服务产生不同水平的质量感知。消极的在线零售商营销道德损害消费者对服务质量感知的评价，从而导致消极的购买意愿；而积极的在线零售商营销道德促使消费者对服务质量感知做出有益评价，从而引发更积极的购买意愿。理论上说，高质量服务面向对服务要求更加严格的消费群体。他们对在线零售商营销道德水平支持程度更高，通常对提供产品和服务的在线零售商提出相对较高的营销道德要求。因此，在高质量服务情境中，在线零售商营销道德行为更易左右消费者的购买决策。反之，低质量服务往往面向的是那些"随遇而安"的消费者。他们对服务质量的诉求并没那么严格，对服务提供者承担营销道德行为的关注和要求有限。因此，在低质量服务情境中，消费者购买意愿对在线零售商营销道德的敏感程度显著下降。基于上述分析，本研究提出如下假设：

H8-5：服务质量对在线零售商营销道德行为与消费者购买意向的关系有调节作用。在服务质量高的在线零售商处购买时，消费者对企业是否履行营销道德行为更加敏感。

根据上述文献回顾和假设依据，本研究构建了相应的理论模型，如图 8-1 所示。

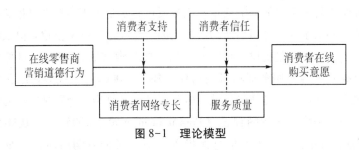

图 8-1　理论模型

8.3　研究设计

8.3.1　实验设计

本研究将实验控制和测量的变量分为外因变量和内因变量。其中，在线零售商营销道德水平和服务质量是外因变量，消费者信任、消费者支持、消费者网络专长是内因变量。由于以现实企业作为研究对象不利于克服消费者主观偏见的影响（Mohr and Webb，2005），所以，本实验研究对象选择虚拟电子商务公司。实验场景设定为消费者针对虚拟电子商务公司进行在线购物，并通过短文的形式向被试传递这家电子商务公司的营销道德水平以及服务质量情况，然后，再要求被试回答购买意愿和个体特征情况的问题。实验情境采用了 2（在线零售商营销道德行为）×2（服务质量）的组间设计。其中，在线零售商营销道德行为包括积极水平与消极水平两档，服务质量包括高服务质量和低质量服务两档。与此同时，为验证不同水平的在线零售商营销道德行为是否对消费者购买意愿产生作用，本研究设计了两个控制组（不涉及在线零售商营销道德行为的信息，仅提及服务质量信息，服务质量水平同样分为高与低两档）对消费者购买意愿进行测量。

8.3.2　实验对象

总共有来自上海市和南昌市三所大学经济管理学院的 245 名高年级本科学生参加了我们的实验研究，其中有 53 名学生（女性 = 35 人，男性 = 18 人）参加了实验的操控检验部分，以保证对在线零售商营销道德行为和服务质量进行操控的成功，同时，192 名学生（女性 = 127 人，男性 = 65 人）则参加了我们的正式实验。此外，为了排除专业因素对学生服务质量感知的影响，本实验研究中所有的样本均来自于管理学专业的学生。

8.3.3 实验过程

首先，本研究针对 53 名被试进行了预实验，目的是确认实验情景设计是否合理，以及进一步修正和完善调查量表。被试首先被要求认真阅读一个模拟的在线购物情境。这篇由研究人员撰写的模拟在线购物情境短文，描述了一家零售企业 Dare. buy（该企业是虚拟的）进入电子商务市场，并在中国广泛开展营销活动的信息。在整篇短文中，其他的电子商务公司、营销活动信息与 Dare. buy 的营销道德信息和服务质量信息融合在一起，从而避免被试猜测实验的真实目的。被试阅读完短文之后，要求填写问卷。基于问卷数据的分析表明，消费者购买意愿在积极、消极、控制组之间存在显著差异（P < 0.001）。这表明操纵变量确实发生了作用。同时，除了消费者支持的内部一致性信度略低外（Cronbach's α = 0.622），其他变量的内部一致性信度都达到要求（Cronbach's α > 0.70）。一些被试对问卷提出了部分修改意见。本研究针对这些意见进一步修改了问卷，从而进入正式实验阶段。在此阶段，192 名被试被随机地划分到积极在线零售商营销道德行为与高服务质量、积极在线零售商营销道德行为与低服务质量、消极在线零售商营销道德行为与高服务质量、消极在线零售商营销道德行为与低服务质量四个实验组中。被试按要求阅读与操控检验中相似的一篇短文（四个组别的样本分别阅读材料一、二、三、四），然后，再回答一些关于消费者购买意愿的问题。并且，被试还被要求完成一份用于测量消费者个人特征（主要包括消费者信任、消费者支持和消费者网络专长）的问卷。每个被试完成正式实验的时间大约为 20 分钟，并且参加实验的被试都获得了一份小礼品作为奖励。

阅读材料一： 随着网络经济和电子商务产业在中国的快速发展，在线商店的广域覆盖、全天候和高互动性的优势被越来越多的传统零售商所认同，吸引着传统零售企业纷纷"触网"，积极向线上延伸，如沃尔玛、家乐福、乐购、Dare. buy、国美、苏宁、王府井百货等传统知名零售企业均已开通网上商城，涉足网上零售业务。这些公司在电子商务市场开展着各式各样的营销活动和促销竞争，如"双十一购物狂欢节"，希望获得更多消费者的青睐，提高市场占有率。其中，Dare. buy 公司开展传统零售业务已经有多年的历史，并且成立了自己的网上商城，积极开展网络营销活动。在当前的电子商务市场中，Dare. buy公司是一家非常具有道德责任感的公司。公司始终坚持以现代市场营销理念为指导，以客户为导向，从根本上维护广大消费者的利益。消费者的个人信息得到了Dare. buy网站的严格保密，并且其顾客经常通过个人邮件获得该公司提供的有意义的线上商品促销信息。顾客非常喜欢该公司的网站，愿意花更多的时间在该网站上搜寻商品信息甚至是为了获得购物的乐趣感；并且消费者在该公司的网站上购物是有安全保证的，不用担心个人财务信息和资金账号的泄露。该购物网站的商品信息描述较为客观和真实，广告促销信息不夸张，网站服务人员的互动很友好。该网站始终坚持公平的市场竞争，不恶意贬低竞争对手和虚构交易评论，产品定价也较为合理，不打价格战。并且，公司在运营的同时，还积极通过网站发布和组织社会责任活动，热心公益事业，帮助弱势群体。公司除了积极提升营销道德水平外，也非常注重提升电子服务质量。公司注意优化网页的设计，确保购物导航系统、用户界面和搜索工具的易用性、直观性和乐趣性，从而使消费者更易找到需要的产品。并且，该网站积极提高服务效率，快速响应消费者需求，通过网络信息系统来主动为顾客提供帮助与个性化服务。网上展示的产品图片信息与真实产品一致，网站信息质量高。网站处理顾客订单的速度快，确保网上下单的产品及时发货并且完好无损地到达消费者手中。即使消费者对在线购物产生异议和投诉，网站服务人员也能对顾客意见快速回复，并且有效解决购物纠纷，提高服务补救质量。

阅读材料二：随着网络经济和电子商务产业在中国的快速发展，在线商店的广域覆盖、全天候和高互动性的优势被越来越多的传统零售商所认同，吸引着传统零售企业纷纷"触网"，积极向线上延伸，如沃尔玛、家乐福、乐购、Dare. buy、国美、苏宁、王府井百货等传统知名零售企业均已开通网上商城，涉足网上零售业务。这些公司在电子商务市场开展着各式各样的营销活动和促销竞争，如"双十一购物狂欢节"，希望获得更多消费者的青睐，提高市场占有率。其中，Dare. buy公司开展传统零售业务已经有多年的历史，并且成立了网上商城，积极开展网络营销活动。在当前的电子商务市场中，Dare. buy公司是一家非常具有道德责任感的公司。公司始终坚持以现代市场营销理念为指导，以客户为导向，从根本上维护广大消费者的利益。消费者的个人信息得到了Dare. buy网站的严格保密，并且其顾客经常通过个人邮件获得该公司提供的有意义的线上商品促销信息。顾客非常喜欢该公司的网站，愿意花更多的时间在该网站上搜寻商品信息甚至是为了获得购物的乐趣感；并且消费者在该公司的网站上购物是有安全保证的，不用担心个人财务信息和资金账号的泄露。该购物网站的商品信息描述较为客观和真实，广告促销信息不夸张，网站服务人员的互动很友好。该网站始终坚持公平的市场竞争，不恶意贬低竞争对手和虚构交易评论，产品定价也较为合理，不打价格战。并且，公司在运营的同时，还积极通过网站发布和组织社会责任活动，热心公益事业，帮助弱势群体。尽管公司非常注意提升营销道德水平，但是公司在服务质量管理方面还存在着较多的不足，需要大力改进。主要表现在：公司的网页设计非常不合理，网络购物导航系统、用户界面和搜索工具非常复杂，从而导致普通的消费者特别是网络经验不丰富的消费者需要花费较长的时间才能在网上找到自己需要的商品；网站的服务效率不高，不能快速响应顾客需求，不能通过网络信息系统主动为顾客提供帮助和个性化服务；网上展示的产品图片信息与真实产品有差异，真实产品让人失望，网站信息质量不高；顾客订单经常需要等待很久的时间才处理，发货速度慢，产品到达消费者手中经常出现损坏；很多时候，顾客对在线购物产生异议和投诉，但是网站服务人员不能对顾客意见进行快速回复，不能有效解决购物纠纷，服务补救质量较差。

阅读材料三：随着网络经济和电子商务产业在中国的快速发展，在线商店的广域覆盖、全天候和高互动性的优势被越来越多的传统零售商所认同，吸引着传统零售企业纷纷"触网"，积极向线上延伸，如沃尔玛、家乐福、乐购、Dare. buy、国美、苏宁、王府井百货等传统知名零售企业均已开通网上商城，涉足网上零售业务。这些公司在电子商务市场开展着各式各样的营销活动和促销竞争，如"双十一购物狂欢节"，希望获得更多消费者的青睐，提高市场占有率。其中，Dare. buy 公司开展传统零售业务已经有多年的历史，并且成立了网上商城，积极开展网络营销活动。为了提高市场竞争力和绩效水平，该公司非常重视电子服务质量管理。公司注意优化网页的设计，确保购物导航系统、用户界面和搜索工具的易用性、直观性和乐趣性，从而使消费者更易找到需要的产品。并且，该网站积极提高服务效率，快速响应消费者需求，通过网络信息系统来主动为顾客提供帮助与个性化服务。网上展示的产品图片信息与真实产品一致，网站信息质量高。处理顾客订单的速度快，确保网上下单的产品及时发货并且完好无损地到达消费者手中。即使消费者对在线购物产生异议和投诉，网站服务人员也能对顾客意见快速回复，并且有效解决购物纠纷，提高服务补救质量。然而，由于竞争日趋激烈，为了降低营销成本和获取更多的利润，Dare. buy 网站的营销道德水平开始降低。公司经常将网站上消费过的顾客信息出售给其他公司来获利，并且经常向顾客发送垃圾邮件，诱导顾客在网上进行冲动性消费和大量购买。顾客越来越不喜欢该购物网站，不愿意花更多的时间在该网站上搜寻商品信息，在该网站购物也不能获得乐趣感；并且消费者在该网站上购物是缺乏安全保证的，时常有顾客的个人财务信息和资金账号被泄露。该购物网站的商品信息描述不客观、不真实，广告促销信息虚假夸张，网站服务人员的互动不是很友好。该网站不能做到公平竞争，喜欢恶意贬低竞争对手和虚构交易评论，产品定价混乱，经常打价格战。并且，公司从不积极主动通过网站发布和组织社会责任活动，对公益事业不热心，对弱势群体不提供有效帮助。

阅读材料四： 随着网络经济和电子商务产业在中国的快速发展，在线商店的广域覆盖、全天候和高互动性的优势被越来越多的传统零售商所认同，吸引着传统零售企业纷纷"触网"，积极向线上延伸，如沃尔玛、家乐福、乐购、Dare. buy、国美、苏宁、王府井百货等传统知名零售企业均已开通网上商城，涉足网上零售业务。这些公司在电子商务市场开展着各式各样的营销活动和促销竞争，如"双十一购物狂欢节"，希望获得更多消费者的青睐，提高市场占有率。其中，Dare. buy公司开展传统零售业务已经有多年的历史，并且成立了网上商城，积极开展网络营销活动。该公司在网上销售快速增长的同时，仍存在诸多服务质量管理的漏洞和不足，主要表现在：公司的网页设计非常不合理，网络购物导航系统、用户界面和搜索工具非常复杂，从而导致普通的消费者特别是网络经验不丰富的消费者需要花费较长的时间才能在网上找到自己需要的商品；网站的服务效率不高，不能快速响应顾客需求，不能通过网络信息系统主动为顾客提供帮助和个性化服务；网上展示的产品图片信息与真实产品有差异，真实产品让人失望，网站信息质量不高；顾客订单经常需要等待很久的时间才处理，发货速度慢，产品达到消费者手中经常出现损坏；很多时候，顾客对在线购物产生异议和投诉，但是网站服务人员不能对顾客意见进行快速回复，不能有效解决购物纠纷，服务补救质量较差。在服务质量水平亟待提升的同时，公司又迫于竞争压力和盈利压力，反而降低了营销道德标准，出现了诸多营销道德失范现象。公司经常将网站上消费过的顾客信息出售给其他公司来获利，并且经常向顾客发送垃圾邮件，诱导顾客在网上进行冲动性消费和大量购买。顾客越来越不喜欢该购物网站，不愿意花更多的时间在该网站上搜寻商品信息，在该网站购物也不能获得乐趣感；并且消费者在该网站上购物是缺乏安全保证的，时常有顾客的个人财务信息和资金账号被泄露。该购物网站的商品信息描述不客观、不真实，广告促销信息虚假夸张，网站服务人员的互动不是很友好。该网站不能做到公平竞争，喜欢恶意贬低竞争对手和虚构交易评论，产品定价混乱，经常打价格战。并且，公司从不积极主动通过网站发布和组织社会责任活动，对公益事业不热心，对弱势群体不提供有效帮助。

8.3.4 变量测量

在本实验中，在线零售商营销道德行为和服务质量作为外部影响因素变量采取虚拟变量的设计形式，根据不同问卷情境设计，分别赋值 0 或 1。但为了对在线零售商营销道德行为和服务质量进行操控检验，我们又专门设计了 3 个在线零售商营销道德行为题项，分别是"该在线零售商注重保护消费者的个人隐私信息""该在线零售商的交易支付系统是安全可靠的""该在线零售商不提供假冒伪劣商品"，以及 3 个服务质量题项，分别是"该在线零售商的网页设计直观和易用""该在线零售商的网站信息质量高""该在线零售商对顾客的响应速度快"。消费者购买意愿为因变量，采用 7 级 Likert 量表测量，参考 Vlachos 等（2009）、刘凤军和李敬强（2011）的研究，共设计了 3 个题项，分别是"我会把这家网店作为在线购物的首选"" 在未来，如果有需要，我会继续在该网站购物"" 我会鼓励亲朋好友在该网站购物"。消费者信任、消费者支持、消费者网络专长作为内部影响因素变量，采用 7 级 Likert 量表进行测量。其中，消费者信任和消费者支持的测量参考了 Sen 和 Bhattacharya（2001）、Webb 等（2008）的研究，消费者信任共设计了 4 个题项，分别是"营销道德行为对在线零售公司资源是一种消耗""在线零售商可以既有营销道德感，又能提供高价值的产品和服务"" 营销道德行为削弱了在线零售商提供优质产品和服务的能力"" 将资源投入营销道德活动中的在线零售商会减少用于提升员工工作有效性的资源投入"；消费者支持共设计了 5 个题项，分别是"我支持保护消费者隐私的在线零售商"" 我支持保证网络购物安全的在线零售商"" 我支持公平竞争的在线零售商"" 我支持诚信经营的在线零售商""我支持积极承担社会责任的在线零售商"。消费者网络专长的测量参考了 Roman 和 Cuestas（2008）的研究，设计了 3 个题项，分别是"我经常使用网络浏览器搜寻信息"" 我对互联网很熟悉和了解""我拥有较丰富的互联网购物知识和经验"。

8.4 数据分析结果

8.4.1 样本构成

在进行数据处理前，发现 192 名被试参加的实验中，有 8 份问卷所填信息不全，判为无效问卷。实验的最终有效问卷184份（其中男生60份，女生124份；平均年龄20.16岁）进入数据分析。分布情况如表8-1所示：第一组47份（积极在线零售商营销道德行为和高服务质量）、第二组46份（积极在线零售商营销道德行为和低服务质量）、第三组47份（消极在线零售商营销道德行为和高服务质量）以及第四组44份（消极在线零售商营销道德行为和低服务质量）。

表8-1   样本分布

服务质量	在线零售商营销道德行为	
	积极	消极
高	47	47
低	46	44

由于对因变量（消费者购买意愿）和调节变量（消费者信任、消费者支持、消费者网络专长）的测量采取了 Likert 量表形式。因此，利用 SPSS18.0 计算本实验中因变量和调节变量的 Chronbach's α 值。表8-2 中量表的 α 值均在 0.7 以上，说明具有较好的信度水平。本研究将分别采用因变量和调节变量得分的平均值进行方差分析，并验证有关假设。

表8-2   量表 Chronbach's α 值

量表名称	测项数数目	Chronbach's α
消费者购买意愿	3	0.892
消费者信任	4	0.855
消费者支持	5	0.902
消费者网络专长	3	0.926

8.4.2 操纵检验

首先，对在线零售商营销道德行为的操纵进行检验。对其题项的平均得分进行方差分析发现，被试对在线零售商营销道德行为两个水平的认知差异显著，$F(1, 53) = 102.405$，$P < 0.001$，对积极在线零售商营销道德行为认知的平均得分（$M = 5.112$）显著高于对消极在线零售商营销道德行为认知的平均得分（$M = 2.236$）。这说明对在线零售商营销道德行为的操控是成功的。其次，对服务质量的操纵进行检验。通过方差分析发现，被试对服务质量高低两

个水平的认知差异显著，F（1，53）= 83.525，P<0.001，被试对服务质量高的认知平均得分（M = 4.817）显著高于对服务质量低的认知平均得分（M = 1.933）。这说明实验对服务质量高低水平的操控也是成功的。

8.4.3 假设检验

（1）主效应检验

运用方差分析法对消费者购买意愿、消费者信任、消费者支持、消费者网络专长在消极组、积极组和控制组三个不同在线零售商营销道德行为组别之间的差异进行检验。表 8-3 显示，消费者购买意愿在积极组、消极组、控制组样本之间存在显著差异，消费者对积极在线零售商营销道德行为的购买意愿显著高于消极在线零售商营销道德行为（积极均值 = 4.864，消极均值 = 2.572，P<0.01）。这表明当在线零售商采取了积极的营销道德行为时，确实会提高消费者购买意愿；相反，当在线零售商采取消极营销道德行为时，会明显降低消费者购买意愿。所以，H8-1 得到支持。同时，消费者信任、消费者支持、消费者网络专长三个消费者个体特征变量在不同在线零售商营销道德行为组别之间并没有显著差异（P>0.1）。这表明被试没并受到实验情境的影响，对在线零售商营销道德行为的态度较客观反映了被试的人格特质。

表 8-3　　　　　　　　　　　　　主效应假设检验结果

	不同组别的均值			F 值	P 值
	积极营销道德	消极营销道德	控制组		
消费者购买意愿	4.864	2.572	4.128	45.282	0.000***
消费者信任	4.335	4.029	4.511	1.535	0.218
消费者支持	5.028	4.873	5.146	0.767	0.496
消费者网络专长	4.504	4.392	4.277	0.613	0.572

（2）调节效应检验

此外，我们也关注面对不同的消费者和不同服务质量时，在线零售商营销道德行为对消费者购买意愿的影响是否会发生变化，其调节机制是什么的问题。本研究删除了控制组样本，仅保留了 184 个消极组和积极组的有效样本数据进行分析。本研究通过对在线零售商营销道德行为、消费者信任、消费者支持、消费者网络专长、服务质量与消费者购买意愿进行方差分析，分别检验了在线零售商营销道德行为和消费者信任、在线零售商营销道德行为和消费者支持、在线零售商营销道德行为和消费者网络专长、在线零售商营销道德行为和服务质量对消费者购买意愿的交互影响。表8-4表明，在线零售商营销道德行为与消费者信任之间存在显著的交互效应（P<0.001），在线零售商营销道德行为与消费者支持之间存在显著的交互效应（P<0.01），在线零售商营销道德行为与消费者网络专长之间存在显著的交互效应（P<0.01），在线零售商营销道德行为与服务质量之间不存在显著的交互效应（P>0.05）。

表8-4 调节效应假设检验结果

自变量	F 值	P 值
在线零售商营销道德行为	38.747	0.000 ***
在线零售商营销道德行为×消费者信任	21.618	0.000 ***
在线零售商营销道德行为×消费者支持	9.225	0.006 **
在线零售商营销道德行为×消费者网络专长	11.336	0.001 **
在线零售商营销道德行为×服务质量	1.424	0.277

注：** 表示在 p<0.01 水平下显著；*** 表示在 p<0.001 水平下显著。

由表8-4可知，模型中消费者信任、消费者支持、消费者网络专长在0.01的置信水平上均存在显著调节效应（P 值分别为0.000、0.006、0.001）；模型中服务质量不存在显著调节效应（P 值为0.277）。究其因，可能是服务质量要素不仅体现了零售网站的重要特征和属性，而且这些特征和属性在一定程度上反映了在线零售商的营销道德要求。因此，当消费者同时面临有关在线零售商营销道德和服务质量信息时，对服务质量影响的敏感度会下降，从而弱化了服务质量对在线零售商营销道德行为与消费者购买意愿的调节作用。因此，假设 H8-2、H8-3、H8-4 得到支持，但 H8-5 没有得到支持。为了确定这些变量的调节效应方向，绘制出调节效应示意图（参见图8-2、图8-3和图8-4）。

图8-2显示，在消费者信任高的条件下，无论在线零售商营销道德行为积极或消极，消费者购买意愿方面的得分都显著地高于消费者信任低条件下的评价得分。具体而言，在积极的在线零售商营销道德行为水平下，如果消费者信任低，那么，消费者购买意愿会低；在积极的在线零售商营销道德行为水平下，如果消费者信任高，那么消费者购买意愿会高；在消极的在线零售商营销道德行为水平下，如果消费者信任高，那么，消费者购买意愿仍然会高；在消极的在线零售商营销道德行为水平下，如果消费者信任又低，那么，消费者购

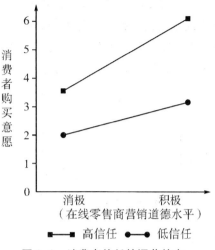

图 8-2 消费者信任的调节效应

买意愿会低。因此，在高信任的水平下，消费者购买意愿对在线零售商营销道德行为的敏感程度更高，可见，消费者信任对在线零售商营销道德行为与消费者购买意愿之间的调节作用方向为正，假设 H8-2 获得支持。

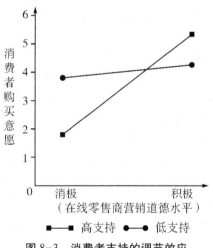

图 8-3 消费者支持的调节效应

图 8-3 表明，低支持消费者和高支持消费者在面对积极的在线零售商营销道德行为时，均表现出更高的购买意愿。然而，两类消费者购买意愿对在线零售商营销道德行为的响应程度却有所不同。高支持者消费者在面对积极的在线零售商营销道德行为时，表现出更高的购买意愿；也就是说，在高支持水平

下消费者购买意愿对在线零售商营销道德行为的敏感程度显著提高。而低支持消费者的购买意愿受在线零售商营销道德行为的影响不大,即在低支持水平下,消费者购买意愿对在线零售商营销道德行为相对不敏感。因此,消费者支持对在线零售商营销道德行为与消费者在线购买意愿之间的调节作用方向也为正,H8-3 获得支持。

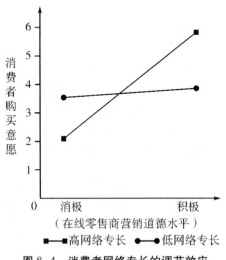

图 8-4　消费者网络专长的调节效应

图 8-4 显示,无论是低网络专长的消费者,还是高网络专长的消费者,在面对积极的在线零售商营销道德行为时,均表现出更高的购买意愿。然而,两类消费者购买意愿对在线零售商营销道德行为的响应程度却有所不同。高网络专长的消费者在面对积极的在线零售商营销道德行为时,表现出更高的购买意愿,即在高网络专长水平下消费者购买意愿对在线零售商营销道德行为的敏感程度显著提高。而低网络专长消费者的购买意愿受在线零售商营销道德行为的影响不大,即在低网络专长水平下,消费者购买意愿对在线零售商营销道德行为相对不敏感。这表明,消费者网络专长对在线零售商营销道德行为与消费者在线购买意愿之间的调节作用方向为正,从而假设 H8-4 得到了支持。

8.5 结论和讨论

8.5.1 研究结论

本研究采用情景模拟实验法检验了在线零售商营销道德行为对消费者购买意愿的影响机制以及个体特征和服务质量变量的调节作用。实验结果表明,在线零售商营销道德行为是影响消费者做出在线购买决策的重要因素。这一基于中国 B2C 在线零售市场的研究结论与国外研究相近,即在线零售商营销道德行为对消费者购买意愿有积极影响。同时,本研究又更加深入探讨了在国内外学界还普遍缺乏研究的议题,即在线零售商营销道德行为对消费者在线购买决策的影响边界与条件。基于实验数据的方差分析结果表明,在线零售商营销道德行为对消费者购买意愿的影响受到了消费者个体特征变量(消费者信任、消费者支持、消费者网络专长)的调节作用。对于高信任的消费者,无论在线零售商营销道德行为积极或消极,消费者购买意愿都显著地高于低信任的消费者。对于高支持的消费者,当在线零售商积极承担营销道德行为时,消费者购买意愿要显著高于低支持的消费者。对于高网络专长的消费者,当在线零售商积极承担营销道德行为时,消费者购买意愿要显著高于低网络专长的消费者。研究结论有助于从消费者个体特征差异角度明确消费者对在线零售商营销道德行为的响应机理,对推进我国在线零售市场营销道德建设有重要建议。

8.5.2 管理建议

第一,在线零售商应合理制订营销道德行动计划,积极主动地组织和实施营销道德活动,降低和杜绝负面道德形象,从而促进消费者形成积极购买意愿。其中,制定法律法规、加强社会公众的舆论监督固然是促进在线零售商承担应有营销道德责任的必要解决手段,但这仅仅是一种"硬约束"。由于企业天然具有追逐利润的特性,如果把在线零售商履行营销道德责任与其关注的实实在在的利益联系起来,则更能赋予其积极、主动、自愿履行营销道德的内在动力。同时,要发挥消费者选择的"投票权",对在线零售商实施营销道德活动形成一种"软约束"和倒逼机制。在线零售商还应建立科学完善的营销道德体系,建立健全完整科学的营销道德管理制度和流程,将营销道德活动视为保证企业长期发展及其合法性的一种战略投资,保持营销道德活动的持续性、稳定性和常规化。

第二，在线零售商应积极拓展营销道德实践的范围，围绕隐私保护、安全可靠、公平竞争、诚信经营和社会责任履行等营销道德策略进行全面设计和运作。这要求在线零售商坚决杜绝非法收集、使用、泄露和传播消费者个人信息，不向消费者发送垃圾邮件，保证订单商品及时发货和交货及其在物流配送中的安全，加强网络购物系统和支付方式的安全保证，对消费者投诉及时回应和处理，做到无隐私保护声明，在界面详细描述产品和服务信息，为消费者提供周到的售后服务。在线零售商还应坚持诚信经营，不做虚假广告，不随意隐瞒瑕疵信息和夸大产品功效，做到产品与订购一致性，不销售假货和故意误导消费者，积极兑现促销承诺和服务承诺。并且，在线零售商应共同营造一个和谐公平的竞争环境，不随意模仿或抄袭竞争对手的界面设计，恶意进行价格竞争，贬低对手。此外，在线零售商还应积极参加公益事业、捐赠活动，帮助弱势群体。

第三，不断提升消费者在线伦理消费意识和网络购物经验。西方发达国家之所以在今天能形成比较完善的营销道德行为"自我规制"和"社会规制"，与消费者群体的权益意识和伦理责任意识的提升休戚相关。因此，有必要积极引导我国消费者提高在线伦理消费意识，通过消费者选择对在线零售商营销道德行为发挥更大监督和约束效力。在线零售商也应不断丰富营销道德信息的披露和传播渠道，通过第三方机构和媒体进行营销道德宣传，提高消费者对在线零售商营销道德的认知和伦理消费经验。同时，应重视消费者网络知识和经验的培育，提升消费者网络专长。通过提升消费者网络专长，增强消费者对在线零售商营销道德活动的识别能力，从而给予在线零售商一定压力，促使其不断提升营销道德水平。

第四，在线零售商营销道德活动的开展取决于赢得消费者信任。企业资源是有限性的，在线零售商开展营销道德活动不能以浪费企业的资源和损害企业能力为代价，应进行科学的规划和实施。采取合理的营销道德投资和运作方式，在成本和资源有限的情况下使消费者认为在线零售商营销道德活动是对发展企业能力的积极强化作用，相信企业有能力提供更好的产品和服务。同时，消费者对在线零售商营销道德与企业能力的信念离不开政府的引导。由于信息的数量和质量影响着消费者的营销道德信念，因此，政府在引导在线零售商披露营销道德信息方面要给予一定指导意见，甚至考虑在一些关键性道德指标上进行强制性规定，从而使消费者能获得更全面的在线零售商营销道德信息。

第五，提升消费者对在线零售商营销道德行为的支持度。在线零售商应积极主动从事营销道德活动，在消费者心中建立先动优势，树立良好的道德形象，从而赢得消费者支持。在具体实践中，在线零售商应调查目标市场的消费者价值观和自我概念，了解消费者的真实需求，从而设计与消费者自我概念和价值观相吻合的营销道德行动。在线零售商还应通过调查广泛了解消费者对企业开展各领域道德营销的态度，并在此基础上加强营销道德信息传播质量，注重道德传播的标准化、完整性和真实性，从而赢得消费者的真心支持。同时，在线零售商的言行要一致，如果在线零售商的营销道德活动与其传播的营销道德信息不一致，不能实现营销道德宣传所要达到的水准和要求，就可能会导致消费者对在线零售商产生伪善认知，从而降低消费者支持。

8.5.3 研究局限和进一步研究方向

首先，本研究选择了学生样本进行实验研究，可能会影响到研究的推广和外部效度。所以，在后面的研究中，应进一步运用准实验研究、问卷调查、案例研究等多样化的方法和手段在非学生样本中进一步探讨在线零售商营销道德行为与消费者购买意愿之间的关系。其次，本研究是从总体层面考察在线零售商营销道德行为对消费者购买意愿的影响机制，缺乏分析不同类型在线零售商营销道德行为的影响差异。因此，今后的研究可进一步分析不同在线零售商营销道德行为类型（如隐私保护、安全可靠、公平竞争、诚信经营等）对消费者购买意愿的影响差异及调节效应。最后，本研究采取的是一个模拟的研究情境，今后的研究可分析在真实的在线零售市场环境下个体特征和网站特征差异对在线零售商营销道德与消费者行为的影响机理，进一步探讨在线零售商营销道德与关键绩效指标（如网站绩效、市场份额、股价、网站品牌资产）的关系。

参考文献

[1] AAKER D A, JOACHIMSTHALER E. The brand relationship spectrum: The key to the brand architecture challenge [J]. California Management Review, 2000, 42 (4).

[2] ADAM A M, ADERET A, SADEH A. Does ethics matter to e-consumers [J]. Journal of Internet Commerce, 2007, 6 (2).

[3] AHUJA M K, GUPTA B, RAMANM P. An empirical investigation of online consumer purchasing behavior [J]. Communication of the ACM, 2003, 46 (12).

[4] AI-KHATIB J A, STANTON A D, RAWWAS M Y A. Ethical segmentation of consumers in developing countries: A comparative analysis [J]. International Marketing Review, 2005, 22 (2).

[5] ALEXANDER E C. Consumer reactions to unethical service recovery [J]. Journal of Business Ethics, 2002, 36 (3).

[6] ANDERSON R E, SRINIVASAN S S. E-satisfaction and e-loyalty: A contingency framework [J]. Psychology&Marketing, 2003, 20 (2).

[7] ARJOON S, RAMBOCAS M. Ethics and customer loyalty: Some insights into online retailing services [J]. International Journal of Business and Social Science, 2011, 2 (14).

[8] BART Y, SHANKAR V, SULTAN F, et al. Are thedrivers and role of online trust the same forall websites and consumers? A large-scale exploratory empirical study [J]. Journal of Marketing, 2005, 69 (4).

[9] BECKMANN S C. Consumers' perceptions of and responses to CSR: So little is known so far [C] //Morsing M. and Beckmann S. C. Strategic CSR Communication. Copenhagen: DJOF Publishing, 2006.

[10] BECKER-OLSEN K L, CUDMORE B A, HILL R P. The impact of per-

ceived corporate social responsibility on consumer behavior [J]. Journal of Business Research, 2006, 59 (1).

[11] BEN-NER A, PUTTERMAN L. Trust in the new economy [M]. in D. C. Jones (ed.), New Economy Handbook (Academic Press, New York), 2003.

[12] BHATTACHARYA C B, SEN S. Doing better at doing good: When, why and how consumers respond to corporate social Initiatives [J]. California Management Review, 2004, 47 (1).

[13] BLUMENTHAL, DANNIELLE. Why Branding, as We Know it, is about to Collapse [J]. Journal of Brand Management, 2005, 12 (3).

[14] BOULSTRIDGE E, CARRIGAN M. Do consumers really care about corporate responsibility? Highlighting the attitude-behavior gap [J]. Journal of Communication Management, 2000, 4 (4).

[15] BRICKSON S. Organizational identity orientation: The genesis of the role of the firm and distinct forms of social value [J]. Academy of Management Review, 2007, 32 (3).

[16] BROWN M E, TREVINO L K, HARRISON D. Ethical leadership: A social learning perspective for construct development and testing [J]. Organizational Behavior and Human Decision Processes, 2005, 97 (2).

[17] BUSH V S, VENABLE B T, BUSH A J. Ethics and marketing on the internet: Practitioners' perceptions of societal, industry and company concerns [J]. Journal of Business Ethics, 2000, 23 (3).

[18] CAMPBELL J L. Institutional analysis and the paradox of corporate social responsibility [J]. American Behavioral Scientist, 2006, 49 (7).

[19] CAMPBELL J L. Why would corporations behave in socially responsible ways? An institutional theory of corporate social responsibility [J]. Academy of Management Review, 2007, 32 (3).

[20] CARLSON J, O'CASS A. Exploring the relationships between e-service quality, satisfaction, attitudes and behaviors in content-driven e-service web sites [J]. Journal of Services Marketing, 2010, 24 (2).

[21] CARRIGAN M, AHMAD A. The myth of the ethical consumer-do ethics matter in purchase behaviour? [J]. Journal of Consumer Marketing, 2001, 18 (7).

[22] CHANG M K, CHEUNG W, LAI V S. Literature derived reference models for the adoption of online shopping [J]. Information&Management, 2005, 42

(4).

[23] CHENG H-F, YANG M-H, CHEN K-Y, et al. Measuring perceived EC ethics using a transaction-process-based approach: Scale development and validation [J]. Electronic Commerce Research and Applications, 2014, 13 (1).

[24] CHIU C, CHANG C, CHENG H, et al. Determinants of customer repurchase intention in online Shopping [J]. Online Information Review, 2009, 33 (4).

[25] CITERA M, BEAUREGARD R, MITSUYA T. An experimental study of credibility in e-negotiations [J]. Psychology&Marketing, 2005, 22 (2).

[26] CREYER E H, ROSS W T. The influence of firm behavior on purchase intention: Do consumers really care about business ethics? [J]. Journal of Consumer Marketing, 1997, 14 (6).

[27] CROSBY L A, EVANS K R, COWLESS D. Relationship Quality in Services Selling: An Interpersonal Influence Perspective [J]. Journal of Marketing, 1990, 54 (3).

[28] CSIKSZENTMIHALYI I, CSIKSZENTMIHALYI M. Optimal experience: Psychological studies of flow in consciousness [M]. New York: Cambridge University Press, 1988.

[29] CYR D. Modeling website design across cultures: Relationships to trust, satisfaction and e-loyalty [J]. Journal of Management Information Systems, 2008, 24 (4).

[30] DAWKINS J. CSR in stakeholder expectations and their implication for company strategy [J]. Journal of Business Ethics, 2001, 44 (2/3).

[31] DONALD P. Extending the Process Model of Collective Corruption [J]. Research in Organizational Behavior, 2008 (28).

[32] ELLEN P S, WEBB D J, MOHR L A. Building corporate associations: Consumer attributions for corporate socially responsible programs [J]. Journal of the Academy of Marketing Science, 2006, 34 (2).

[33] FASSNACHT M, KOESE I. Quality of electronic services: Conceptualizing and testing a hierarchical model [J]. Journal of Service Research, 2006, 9 (1).

[34] FLAVIAN C, GUINALIU M. Consumer trust, perceived security and privacy policy: Three basic elements of loyalty to a web site [J]. Industrial

Management&Data Systems, 2006, 106 (5).

[35] FORSYTHE S, LIU C, SHANNON D, et al. Development of a scale to measure the perceived benefits and risks of online shopping [J]. Journal of Interactive Marketing, 2006, 20 (2).

[36] FOSTER G. Financial statement analysis [M]. Englewood Cliffs N. J. Prentice-Hill Inc, 1986.

[37] FREESTONE O, MITCHELL V W. Generation Y attitudes towards e-ethics and internet-related misbehaviours [J]. Journal of Business Ethics, 2004, 54 (2).

[38] GARBARINO E, STRAHILEVITZ M. Genderdifferences in the perceived risks of buying online and theeffects of receiving a site recommendation [J]. Journal of Business Research, 2004, 57 (7).

[39] GINO F, AYAL S, ARIELY D. Contagion and differentiation in unethical behavior: The effect of one bad apple on the barrel [J]. Psychological Science, 2009, 20 (3).

[40] GINO F, GU J, ZHONG C B. Contagion orrestitution? When bad apples can motivate ethical behavior [J]. Journal of Experimental Social Psychology, 2009, 45 (6).

[41] GREWAL D, IYER G R, LEVY M. Internet retailing: Enablers, limiters and market consequences [J]. Journal of Business Research, 2004, 57 (7).

[42] HASSANEIN K, HEAD M. Manipulating perceived social presence through the web interface and its impact on attitude towards online shopping [J]. International Journal of Human-Computer Studies, 2007, 65 (8).

[43] HENNIG-THURAU, THORSTEN, KLEE, et al. Theimpact of customer satisfaction and relationship quality on customer retention: A critical reassessment and model development [J]. Psychology &Marketing, 1997, 14 (8).

[44] HILLER A. Challenges in researching consumer ethics: A methodological experiment [J]. Qualitative Market Research: An International Journal, 2010, 13 (3).

[45] HOLMLUND M. The D&D Model-dimensions and domains of relationship qualityperceptions [J]. Service Industries Journal, 2001, 21 (3).

[46] HONGA S, YANGB S, RIMC H. The influence of corporate social responsibility and customer-company identification on publics' dialogic communication

intentions [J]. Public Relations Review, 2010 (36).

[47] HUSTED B W, ALLEN D B. Corporatesocial responsibility in the multinational enterprise: Strategic and institutional approaches [J]. Journal of International Business Studies, 2006, 37 (6).

[48] INGRAM R, SKINNER S J, TAYLOR V A. Consumers' evaluations of unethical marketing behaviors: The role of customer commitment [J]. Journal of Business Ethics, 2005, 62 (3).

[49] JARVELAINEN J. Online purchases intention: An empirical testing of a multiple-theory Model [J]. Journal of Organizational Computing and Electronic Commerce, 2007, 17 (1).

[50] LIMBU Y B, MARCO WOLF, DALE LUNSFORD. Perceived ethics of online retailers and consumer behavioral intentions: The mediating roles of trust and attitude [J]. Journal of Research in Interactive Marketing, 2012, 6 (2).

[51] LIMBU Y B, WOLF M, LUNSFORD D L. Consumers' perceptions of online ethics and its effects on satisfaction and loyalty [J]. Journal of Research in Interactive Marketing, 2011, 5 (1).

[52] LUO Y D. The independent and interactive roles of procedural, distributive, and interactional justice in strategic alliances [J]. Academy of Management Journal, 2007, 50 (3).

[53] LUO X, BHATTACHARYA C B. Corporate social responsibility, customer satisfaction, and market value [J]. Journal of Marketing, 2006, 70 (4).

[54] MASON R O. Four ethical issues of the information age [J]. MIS Quarterly, 1986, 10 (1): 5-12.

[55] MAYER D M, KUENZI M, GREENBAUM R L. Examining the link between ethical leadership and employee misconduct: The mediating role of ethical climate [J]. Journal of Business Ethics, 2010, 95 (1).

[56] MCWILLIAMS A, SIEGEL D S, WRIGHT P M. Corporate social responsibility: Strategic implications [J]. Journal of Management Studies, 2006, 43 (1).

[57] MEINERT D B, PETERSON D K, CRISWELL J R, et al. Privacy policy statements and consumer willingness to provide personal information [J]. Journal of Electronic Commerce in Organizations, 2006, 4 (1).

[58] MEYER C, SCHWAGER A. Understanding customer experience [J].

Harvard Business Review, 2007 (2).

[59] MILNE G R, CULNAN M J. Strategies for reducing online privacy risks: Why consumers read (or don't read) online privacy notices [J]. Journal of Interactive Marketing, 2004, 18 (3).

[60] MITRA A, RAYMOND M A, HOPKINS C D. Can consumers recognize misleading advertising content in a media rich online environment? [J]. Psychology & Marketing, 2008, 25 (7).

[61] MIYAZAKI A D, FERNANDEZ A. Consumer perceptions of privacy and security risks for online shopping [J]. The Journal of Consumer Affairs, 2001, 35 (1).

[62] MOHR L A, WEBB D J. The effects of corporate social responsibility and price on consumer responses [J]. Journal of Consumer Affairs, 2005, 39 (1).

[63] MONTOYA-WEISS M, VOSS G B, GREWAL D. Determinants of online channel use and overall satisfaction with a relational, multichannel service provider [J]. Journal of the Academy of Marketing Science, 2003, 31 (4).

[64] MUKHERJEE A, NATH P. Role of electronic trust in online retailing: A re-examination of the commitment-trust theory [J]. European Journal of Marketing, 2007, 41 (9/10).

[65] NARDAL S, SAHIN A. Ethical issues in e-commerce on the basis of online retailing [J]. Journal of Social Sciences, 2011, 7 (2).

[66] O' BRIEN H L. The influence of hedonic and utilitarian motivations on user engagement: The case of online shopping experiences [J]. Interacting with computers, 2010, 22 (5).

[67] PALMER D E. Pop-ups, cookies, and spam: Toward a deeper analysis of the ethical significance of internet marketing practices [J]. Journal of Business Ethics, 2005, 58 (1/3).

[68] PAN Y, ZINKHAN G M. Exploring the impact of online privacy disclosures on consumer trust [J]. Journal of Retailing, 2006, 82 (4).

[69] PARASURAMAN A, ZEITHAML V, MALHOTRA A. E-S-QUAL: A multiple-item scale for assessing electronic service quality [J]. Journal of Service Research, 2005, 7 (3).

[70] PETERSON D. Perceived leader integrity and ethical intentions of subordinates [J]. The Leadership and Organization Development Journal, 2004, 25 (1).

[71] PODNAR K, GOLOB U. CSR expectations: The focus of corporatemarketing [J]. Corporate Communications: An International Journal, 2007, 12 (4).

[72] POLLACH I. A typology of communicative strategies in online privacy policies: Ethics, power and informed consent [J]. Journal of Business Ethics, 2005, 62 (3).

[73] RADIN T J, CALKINS M, PREDMORE C. New challenges to old problems: Building trust in e-marketing [J]. Business and Society Review, 2007, 112 (1).

[74] RANGANATHAN C, GANAPATHY S. Key dimensions of business-to-consumer web sites [J]. Information&Management, 2002, 39 (2).

[75] ROMAN S. Relational consequences of perceived deception in online shopping: The moderating roles of type of product, consumer's attitude toward the internet and consumer's demographics [J]. Journal of Business Ethics, 2010, 95 (3).

[76] ROMAN S. The ethics of online retailing: A scale development and validation from the consumers' perspective [J]. Journal of Business Ethics, 2007, 72 (2).

[77] ROMAN S, CUESTAS P J. The perceptions of consumers regarding online retailers' ethics and their relationship with consumers' general internet expertise and word of mouth: A preliminary analysis [J]. Journal of Business Ethics, 2008, 83 (4).

[78] ROSE S, HAIR N, CLARK M. A review of the business-to-consumer online purchase context [J]. International Journal of Management Revies, 2011, 13 (1).

[79] SCHIFFMAN L G, SHERMAN E, LONG M M. Toward a better understanding of the interplay of personal values and the internet [J]. Psychology & Marketing, 2003, 20 (2).

[80] SCHLEGELMILCH B, OBERSEDER M. Half a century of marketing ethics: Shifting perspectives and emerging trends [J]. Journal of Business Ethics, 2010, 93 (1).

[81] SCHMINKE M, AMBROSE M L, NEUBAUM D O. The effect of leader moral development on ethical climate and employee attitudes [J]. Organizational Behavior and Human Decision Processes, 2005, 97 (2).

[82] SCHMITT B H. Experiential marketing: How to get customers to sense, feel, think, act, and relate to your company and brands [M]. New York: The Free Press, 1999.

[83] SCOTT W R. Institutions and organizations [M]. 2nd ed. Thousand Oaks, CA: Sage, 2001.

[84] SEN S, BHATTACHARYA C B. Does doing good always lead to doing better? Consumer reactions to corporate social responsibility [J]. Journal of Marketing Research, 2001, 38 (2).

[85] SHERGILL G S, ZHAOBIN C. Web-based shopping: Consumers' attitudes towards online shopping in New Zealand [J]. Journal of Electronic Commerce Research, 2005, 6 (2).

[86] SHERIF M, HOVLAND C I. Social judgment: Assimilation and contrast effects in communication and attitude change [M]. New Haven, CT: Yale University Press, 1961.

[87] SINGH T, HILL M E. Consumer privacy and the internet in Europe: A view from Germany [J]. Journal of Consumer Marketing, 2003, 20 (7).

[88] SMITH D N, SIVAKUMAR K. Flow and internet shopping behavior: A conceptual model and research propositions [J]. Journal of Business research, 2004, 57 (10).

[89] SPRENG R A, MACKENZIE S B, OLSHAVSKY R W. A reexamination of the determinants of consumer satisfaction [J]. Journal of Marketing, 1996, 60 (3).

[90] STEAD B A, GILBERT J. Ethical issues in electronic commerce [J]. Journal of Business Ethics, 2001, 34 (2).

[91] STORBACKA K, STRANDVIK T, GRONROOS C. Managing customer relationships for profit: The dynamics of relationship quality [J]. International Journal of Service Industry Management, 1994, 5 (5).

[92] TREVINO L K, HARTMAN L P, BROWN M. Moral person and moral manager: How executives develop a reputation for ethical leasership [J]. California Management Review, 2000, 42 (4).

[93] VAN NOORT G, KERKHOF P, FENNIS B M. The persuasiveness of online safety cues: The impact of prevention focus compatibility of web content on consumers' risk perceptions, attitudes, and intentions [J]. Journal of Interactive Mar-

keting, 2008, 22 (4).

[94] VITELL S J. Consumer ethics research: Review, synthesis and suggestions for the future [J]. Journal of Business Ethics, 2003, 43 (1/2).

[95] VLACHOS P A, TSAMAKOS A, VRECHOPOULOS A P, et al. Corporate social responsibility: Attributions, loyalty, and the mediating role of trust [J]. Journal of the Academy of Marketing Science, 2009, 37 (2).

[96] WEAVER G R, TREVINO L K. Compliance and values oriented ethics programs: Influences on employees attitudes and behavior [J]. Business Ethics Quarterly, 1999, 9 (2).

[97] WEBB D J, MOHR L A, HARRIS K E. A re-examination of socially responsible consumption and its measurement [J]. Journal of Business Research, 2008, 61 (2).

[98] WINTER S J, STYLIANOU A C, GIACALONE R A. Individual differences in the acceptability of unethical information technology practices: The case of machiavellianism and ethical ideology [J]. Journalof Business Ethics, 2004, 54 (3).

[99] WIRTZ J, LWIN M O, WILLIAMS J D. Causes and consequences of consumer online privacy concern [J]. International Journal of Service Industry Management, 2007, 18 (4).

[100] WU C F, WU W K. Ethical issues in electronic commerce: A study of travel websites in Taiwan [J]. Journal of Technology Management, 2006, 11 (1).

[101] YANG M N, CHANDLREES N, LIN B, et al. The effect of perceived ethical performance of shopping websites on consumer trust [J]. Journal of Computer Information Systems, 2009, 50 (1).

[102] YI Y. A critical review of consumer satisfaction [M]. Chicago: American Marketing Association, 1990.

[103] 陈博, 金永生. 购物网站的个性化推荐对网络购物体验影响的实证研究 [J]. 北京邮电大学学报 (社会科学版), 2013, 15 (6).

[104] 陈文军. 论企业战略管理中的伦理决策 [J]. 北京工商大学学报 (社会科学版), 2011, 26 (3).

[105] 邓新明, 田志龙, 刘国华, 等. 中国情景下企业伦理行为的消费者响应研究 [J]. 中国软科学, 2011 (2).

[106] 邓之宏, 秦军昌, 钟利红. 中国 C2C 交易市场电子服务质量对顾

客忠诚的影响——以顾客满意和顾客价值为中介变量 [J]. 北京工商大学学报（社会科学版），2013，28（2）.

[107] 冯桂平，牟莉莉. 本土家电企业竞争行动与绩效关系的实证研究 [J]. 情报杂志，2009（11）.

[108] 甘碧群，廖以臣. 透视网络中的道德 [J]. 中国国情国力，2004（8）.

[109] 甘碧群，曾伏娥. 企业营销道德测评体系的确立与模糊评价——来自外部顾客的数据分析 [J]. 系统工程理论与实践，2006（2）.

[110] 贺和平，周志民. 基于消费者体验的在线购物价值研究 [J]. 商业经济与管理，2013（3）.

[111] 何其帼，廖文欣. 网络零售企业服务质量对消费者感知风险的影响——第三方物流启动信息的调节作用 [J]. 经济管理，2012，34（2）.

[112] 洪雁，王端旭. 管理者真能"以德服人"吗？——社会学习和社会交换视角下伦理型领导作用机制研究 [J]. 科学学与科学技术管理，2011，32（7）.

[113] 黄丹阳，卓骏，陈莹. B2C 网站顾客购物体验与顾客忠诚关系研究——基于整体网络产品的视角 [J]. 西安财经学院学报，2014，27（1）.

[114] 蒋侃. 在线零售商营销道德与口碑的关系研究 [J]. 企业经济，2012（6）.

[115] 李安林. 信息不对称、道德风险与承担道德责任 [J]. 南京航空航天大学学报（社会科学版），2008，10（2）.

[116] 李维安，唐跃军. 上市公司利益相关者治理机制、治理指数与企业绩效 [J]. 管理世界，2005（9）.

[117] 刘凤军，李敬强，李辉. 企业社会责任与品牌影响力关系的实证研究 [J]. 中国软科学，2012（1）.

[118] 刘思强，杨伟文，叶泽. 不同垄断感知强度下营销道德对顾客关系质量的影响——来自银行业的证据 [J]. 系统工程，2013，31（4）.

[119] 刘文纲，梁征伟，唐立军. 我国零售企业社会责任指标体系的构建 [J]. 北京工商大学学报（社会科学版），2010，25（1）.

[120] 牛永革，李蔚. 营销伦理对品牌重生影响的实证研究 [J]. 南开管理评论，2006，9（5）.

[121] 沈鹏熠. 零售企业社会责任行为对企业形象及顾客忠诚的影响机制 [J]. 北京工商大学学报（社会科学版），2012，27（3）.

[122] 时刚强，薛永基，苗泽华. 企业网络营销道德问题研究 [J]. 商业研究，2006 (9).

[123] 谭亚莉，廖建桥，李骥. 管理者非伦理行为到组织腐败的衍变过程、机制与干预：基于心理社会微观视角的分析 [J]. 管理世界，2011 (12).

[124] 王勇. 零售企业的社会责任建设和信息披露——针对我国上市零售企业的实证研究 [J]. 北京工商大学学报 (社会科学版)，2011，26 (1).

[125] 温忠麟，张雷，侯杰泰，等. 中介效应检验程序及其应用 [J]. 心理学报，2004，36 (5).

[126] 吴金南，尚慧娟. 物流服务质量与在线顾客忠诚——个体差异的调节效应 [J]. 软科学，2014，28 (6).

[127] 吴锦峰，常亚平，侯德林. 网络商店形象对情感反应和在线冲动性购买意愿的影响 [J]. 商业经济与管理，2012，250 (8).

[128] 夏立军，陈信元. 市场化进程、国企改革策略与公司治理结构的内生决定 [J]. 经济研究，2007 (7).

[129] 谢佩洪，周祖城. 中国背景下 CSR 与消费者购买意向关系的实证研究 [J]. 南开管理评论，2009，12 (1).

[130] 阎俊，陈丽瑞. 本土 B2C 网站营销道德的量化评价体系研究 [J]. 管理学报，2008 (6).

[131] 杨忠智. 商业道德行为与企业绩效关系研究 [J]. 经济学家，2012 (5).

[132] 张娜，赵晓. 商业道德行为缺失的经济学分析——基于信息不对称理论的视阈 [J]. 经济与管理，2012，26 (3).

[133] 张笑峰，席酉民. 伦理型领导：起源、维度、作用与启示 [J]. 管理学报，2014，11 (1).

[134] 赵立. 中小企业组织道德氛围及其对组织绩效的影响——基于浙江等省市的调查与分析 [J]. 浙江社会科学，2011 (7).

[135] 赵旭. 上市公司诚信与企业价值的实证研究 [J]. 山西财经大学学报，2011 (1).

[136] 周秀兰，唐志强. 企业营销道德与营销绩效的关系探讨 [J]. 生产力研究，2013 (9).